Helmut Brandstätter
KURZ & KICKL

Helmut Brandstätter

KURZ & KICKL
IHR SPIEL MIT MACHT UND ANGST

Für meine Frau,
die mich inspiriert und herausfordert

INHALT

Vorwort Vizekanzler a.D. Erhard Busek	9
1. Kurz und die Sollbruchstelle Kickl	21
2. Sebastian Kurz – der Kontrollor	30
3. Herbert Kickl: Der FPÖ-Mastermind seit Haiders Zeiten	47
4. Die FPÖ der Burschenschafter und Rechtsextremen	61
5. Der Wahlkampf 2017 – ein Durchmarsch für Kurz	68
6. Kurz, Strache und Kickl – so sehen sie die Medien	85
7. Die Regierung Kurz/Strache – das Regierungsprogramm	98
8. Der BVT-Skandal – Kickls schleichender Putsch?	106
9. „Einzelfälle" – das Innerste der FPÖ	122
10. Hauptsache gegen Ausländer – die neue Sozialpolitik	145
11. Das große Umfärben	149
12. Knickse und andere Fehltritte in der Außenpolitik	159
13. Das Ende der Landesverteidigung	165
14. Der Bruch	169
15. Große Themen für Österreichs Zukunft	175
16. Ausblick: Ist der Weg zum autoritären Staat gestoppt	186
Der Ari-Rath-Ehrenpreis	193

*In diesem Land wird
niemand lächerlich*

*Als der die Wahrheit sagt.
Völlig wehrlos*

*Zieht er den grinsend flachen
Hohn auf sich*

*Nichts macht in diesem
Land ehrlos.*

Karl Kraus

Für diese inhaltlichen Erfolge war ich bereit, viel auszuhalten, viel in Kauf zu nehmen. Vom Rattengedicht über die Nähe zu radikalen Gruppierungen bis hin zu immer wieder auftauchenden Einzelfällen. Auch wenn ich es nicht immer öffentlich gesagt habe, Sie können mir glauben, das war oft persönlich nicht einfach.

Sebastian Kurz

Ich glaube immer noch, dass der Grundsatz gilt, dass das Recht der Politik zu folgen hat und nicht die Politik dem Recht.

Herbert Kickl

Vorwort

Die Regierung Kurz und das bürgerliche Lager

Von Erhard Busek

Was ist eine Wende?

Das Leben ist von Veränderungen begleitet. Wenn die Veränderungen, die uns bewegen, etwas dichter werden, spricht man sehr gerne von einer Wende! Man weiß zwar meistens nicht, wohin sich die Dinge wenden; manchmal wird auch die Schreibung verwechselt, nämlich „Wende" und „Wände". Das sind aber jene Wände, die man am liebsten hochgehen möchte, weil die Dinge so unsinnig sind, die passieren.

Für mich als älterer Jahrgang ist die Versuchung manchmal groß, die genannten Wände hochzugehen, weil ich entweder manches nicht mehr verstehe oder aus meiner Erfahrung weiß, dass die Dinge in Wirklichkeit nicht gut sind – für das Land, das politische Geschehen, die Österreicher und schließlich die Europäer! Dabei kann nicht geleugnet werden, dass wir uns in einer Phase massiver Veränderung befinden. Zustände, die lange Zeit ziemlich ähnlich waren, Strategien, die ebenso lange Zeit sich als richtig erwiesen haben, und politische Gestaltungen, die ebenso eine Verlässlichkeit hatten, verabschieden sich. Das ist an sich in Ordnung, denn schließlich leben die Entwicklungen davon, dass man sich mit ihnen auseinandersetzt, darauf reagiert oder so agiert, dass eben ein weiteres Leben gesichert ist.

Von Karl Kraus stammt der Satz, dass „Österreich eine Versuchsstation für Weltuntergänge" sei! Mich hat immer getröstet, dass bislang eben dieser Weltuntergang nicht eingetroffen ist und besagter kritischer Autor auch eine publikumswirksame Tendenz zur Übertreibung hatte. Ich bin auch immer noch nicht der Meinung, dass wir „Doomsday" vor uns haben, wenngleich den Christen die Vorstellung vom Ende der Welt begleitet, das aber mit Sicherheit anders aussieht, als es sämtliche Katastrophenfilme Hollywoods und Umgebung voraussagen. Wir sollten nüchtern bleiben: Bestimmte Situationen verabschieden sich und verlieren ihre Wirklichkeit. Um an irgendeinem Eck anzufangen, muss man darauf verweisen, dass die Dritte Republik schon sehr oft angesagt wurde. Persönlich glaube ich, dass sich die Zweite Republik mit einem gewissen Wandel in einzelnen Bestandteilen bis jetzt ganz anständig gehalten hat. Stabilitätsfaktoren waren nicht nur die wirtschaftliche und soziale Entwicklung, sondern auch die politischen Institutionen. Ich bin mit dem Dualismus der beiden großen Parteien aufgewachsen, habe in diesem System gelebt, meinen Beitrag zum Erhalt, aber auch zur Veränderung geleistet und muss rückblickend im Großen und Ganzen sehr zufrieden sein. Diese beruhigende Einstellung kann ich langsam nicht mehr aufrechterhalten, denn manches von dem, was unsere Stabilität ausgemacht hat, hat sich verabschiedet.

Zunächst einmal sind es die Dimensionen der Politik: Hat es bisher genügt, auf die Alpenrepublik zu blicken und zu sehen, wie wir mit den Nachbarn zurechtkommen, manche strukturelle Veränderungen in der Wirtschaft schaffen und bestimmte Arten der Herausforderung bewältigen, so muss man heute sagen, dass das längst nicht mehr gilt. Die Wirklichkeit der Globalisierung hat uns voll erfasst, wenngleich sie – das ist der erste große Fehler – auch nicht begriffen wird. Wir kreisen im nationalstaatlichen Denken herum, das womöglich noch durch eine gewisse lokale Dimension verschlimmert wird, beschäftigen uns irgendwie mit Europa, ohne die Gesamtdimension dieser Chance zu begreifen und kapieren nicht, dass eben dieser geliebte Kontinent mit seinen ungeheuren Leistungen bei der Bevölkerung nur mehr 7 Prozent der Weltpopulation stellt, noch 22 Prozent der wirtschaftlichen Leistungskraft und wir zu allem Schrecken 50 Prozent der Wohltaten dieser Welt konsumieren. Das wird uns langsam durch die ökologischen Fragen bewusst, wenngleich auch nicht verstanden! Instrumentarien in diese Richtung haben wir keine entwickelt, einzig und allein ist es das Gefühl der Unsicherheit, das uns beherrscht.

Hier setzt die Politik an: Populismus und Wiederentdeckung des Nationalstaates (mit den schrecklichen Ausrufen „America first", „Prima L'Italia", etc.) zeigen die Primitivität der Reaktion. An sich entspricht es der Natur der Menschen, denn wenn wir uns bedroht fühlen, versuchen wir uns zunächst einmal selbst zu schützen und möglichst Einflüsse von außen zu meiden. Der wunderschöne Wiener Sager: „Jeder denkt an sich, nur ich denk an mich." ist die eindrucksvollste Beschreibung dieses Zustandes. Das kennzeichnet heute die europäische Politik, wobei die Ausgestaltung national sehr verschieden ist. Jene Nachbarn, die dem Sowjetimperium angehört haben, versuchen als Begründung für ihre Haltung ihre Vergangenheit in eben diesem Imperium anzuführen, verbunden mit der Tatsache, dass sie dadurch noch nicht unser Niveau erreicht haben. Das ist verständlich, aber nicht hilfreich! Wesentlicher aber ist, dass die Vordergründigkeit unseres Denkens zunimmt, wobei der schon zitierte Nationalstaat in Wirklichkeit deutlich signalisiert, dass er zur Lösung der Probleme nicht in der Lage ist. Es gibt aber keine Bemühung, etwa Europa als weitere Dimension gestaltend einzuführen – im Gegenteil, es muss weniger Europa geben, wobei die geistige Verwirrung auch hier deutlich sichtbar wird.

Man nimmt Anleihen bei der katholischen Soziallehre etwa durch den Begriff der „Subsidiarität", der an sich richtig ist, aber hier falsche Anwendung findet. Wann immer man sich durch irgendwelche Maßnahmen auf europäischer Ebene oder gar weiter oben belastet fühlt, schreit man, dass das wieder Sache des Nationalstaates sein muss. Das kann in einigen Fällen berechtigt sein. Das aber, was die Politik nicht leistet, ist zu untersuchen. Welche politische Aufgabe kann auf welcher Ebene in welcher Dimension am besten geleistet werden? Ein Katalog der Zuständigkeiten für Gemeinden, Bezirke, Regionen, Länder und den Nationalstaat bzw. Europa wäre zweckmäßig statt die Dinge selbst zu lösen. Es sind aber nur Argumente, die zu Konflikten führen und bislang keine Ergebnisse gezeitigt haben. Noch tragischer ist die Tatsache, dass der zweite Teil dieses Begriffes, nämlich die „Solidarität", total vernachlässigt wird. Subsidiarität kann nur funktionieren, wenn es die Solidarität gibt.

Es gibt ein primitives Beispiel dafür: den Finanzausgleich. Dieser führt in Österreich in brauchbarer Weise dazu, dass die verschiedenen Aufgaben im Ausgleich der Zahlungen bewältigt werden können, wobei interessanterweise in Österreich niemand verlangt, dass die Steuerhoheit auf Landes- oder gar Gemeindeebene kommt, weil es jedem natürlich angenehmer ist, wenn andere die Steuern einheben und man sie selber verteilen kann. Alle Versuche in unserem Land, eine Länder- oder gar Gemeindesteuerhoheit einzuführen, sind bislang an der Erkenntnis der betreffenden politischen Verantwortlichen gescheitert, dass es besser ist, wenn andere das unangenehme Werk der Steuererhebung leisten. Umso weniger gelingt es, festzulegen, was wirklich auf europäischer Ebene gemacht werden soll, dass dazu etwa Europasteuern möglich wären und man die Verwaltungseinheiten auch entsprechend gestalten muss. Das deutlichste Beispiel ist das Scheitern jeglicher Art von Transaktionssteuern, auch die Idee einer Europasteuer ist bislang gescheitert, wobei im Kontrastprogramm festzustellen ist, dass Konzerne längst eine Größe erreicht haben, die auf globaler Ebene und erst recht in Europa von entscheidender

Bedeutung sind. Hier und da schreit man auf und plakatiert den Kampf gegen die Konzerne, wenn man an Amazon, Google etc. denkt. Einen vernünftigen Vorschlag hat es aber dafür noch nie gegeben. Im Kontrast dazu steht die Klage über die Steuerschlupflöcher, die aber von den Regierungen sehr gerne eingeräumt werden, weil sie sich dadurch einen lokalen Vorteil erwirtschaften oder erhoffen.

Diese Frage gilt nicht nur in der materiellen Dimension, sondern auch in ganz anderen Bereichen. Wir würden längst einen europäischen Rahmen für das Bildungssystem brauchen, aber die Europäische Verfassung führte dazu, dass Bildungsfragen, wie auch die Kultur, weiter Sache des Nationalstaates bleiben. Einem geschickten EU-Kommissar ist es vor langer Zeit gelungen, das Erasmus-Programm in der EU durchzusetzen. Die Zuständigkeit dafür ist an der Wirtschaftskompetenz befestigt, nicht aber an Bildung oder sogar Wissenschaft und Forschung. Hier betrügen sich die Europäische Union und deren Mitgliedstaaten selber, weil sie an diesem Beispiel sichtbar machen könnten, wie wirksam solche Orientierungen an den wirklichen Punkten sind.

Die Liste ließe sich beliebig fortsetzen. Was ich aber damit sagen will, ist, dass österreichische Regierungen das bisher kaum erkannt haben. Nun haben wir aber eine entsprechende „Wende" mit Sebastian Kurz und dem Eintritt der FPÖ in der Regierung gehabt. Interessant ist aber, dass sich kaum etwas von diesen Überlegungen im Regierungsprogramm findet, tiefergehende Diskussionen sind mir auch nicht bekannt. Die eigentliche Wende wurde im Sicherheitssystem mit der Schließung der Balkanroute und einer Reihe von neuen Verwaltungseinheiten herbeigeführt, die mit Sicherheit mehr Bürokratie bringen, wobei auch überlegenswerte Fragen angeschnitten wurden, wie etwa die Gestaltung der Sozialversicherung und manche Umgestaltungen von Föderalismus und überbordenden Strukturen.

Es muss einmal deutlich gesagt werden, dass viele dieser Maßnahmen offensichtlich dazu gedient haben, dem neuen Regierungspartner Freiheitliche Partei zu helfen, an Bedeutung zu gewinnen. Das ist an sich nicht unverständlich, denn das hat noch jede in die Regierung eintretende Partei versucht. Beunruhigender aber ist, dass dies an kritischen Punkten der Verfasstheit Österreichs eintritt. Der Griff nach dem Sicherheitsapparat, der mit dem Namen „Kickl" verbunden ist, ist ein Grund zu einer solchen Beunruhigung. Ich bewundere allein schon von der Optik her die Zunahme von Polizeifahrzeugen, das Entstehen von neuen Polizei-, ja auch Justizeinheiten, die den Eindruck erwecken, dass wir in einem unendlich unsicheren Land leben. Natürlich gibt es Kriminalität, Übergriffe, mangelnde Ordnung, aber immer noch sind die Zustände hier in Österreich zufriedenstellend. Das Beunruhigende ist vielleicht, dass sich manchmal im Schatten der Parteien Mafiatrukturen herausbilden. Wobei auch einmal ebenso deutlich gesagt werden muss, dass die Medien der Herausforderung, diese Dinge kritisch zu begleiten, vornehm gesagt, zumindest nicht gewachsen sind. Wenn nicht jemand mit dem „Ibiza-Video" ein Geschäft hätte machen wollen, wäre noch niemand draufgekommen, welche Ungeheuerlichkeit hier passiert ist. Wahrscheinlich noch ungeheuerlicher ist die Begründung dieser Situation, die offensichtlich um einiges zurück im Bestreben gelegen ist, dass Politiker Waffen kaufen wollten oder auf eine sonstige eigenartige Weise Geld einnehmen sollten. Dass es irrsinnig lange dauert, bis man auf diese Ursachen und die Täter kommt, spricht nicht für die Transparenz der Republik.

Ich zähle nicht zu jenen, die das Umfärben von Verwaltungen „kritisieren", denn das hat noch jede Regierung gemacht. Das wirklich Beunruhigende ist die Zunahme der Bürokratie, deren deutlichstes Zeichen die Generalsekretäre und die großen Ministerbüros sind. Auch die Schaffung neuer Einheiten mit manchmal befremdlichen Titeln (z.B. „Ausreisezentrum") spricht eine deutliche Sprache! Dahinter steht aber eine Auffassung von Politik und Gesetzgebung, die Kickl und Co. sehr deutlich vertreten haben, wobei mich in einer Diskussion mit dem ehemaligen Innenminister sehr beeindruckt hat, was er zur Rolle der Angst sagte. Meine Ansicht war, dass die Politik die Aufgabe habe, den Menschen Angst zu nehmen. Seine Antwort war sehr klar: Die Politik muss Angst machen, sonst kann sie nichts verändern! Veränderung in welche Richtung?

Das alles ließe sich noch beliebig fortsetzen, ist aber nicht meine Absicht. Mich bewegt vielmehr die Tatsache, dass bislang Herr und Frau Österreicher nicht besonders darüber beunruhigt sind, was hier geschieht. Richtig ist, dass ich viele besorgte Bürger treffe, die mich auf der Straße anreden, bei Veranstaltungen Fragen stellen etc., die sich über diese Dinge selber nicht freuen, wobei auch die Sprachwahl hier eine Rolle spielt. Das berühmte Wort aus der Bibel „Deine Sprache verrät Dich", das die Soldaten im Hofe der jüdischen Religionsbehörde Petrus entgegenhalten, gilt auch in hohem Ausmaß für unsere Zeit. Das ist keine Erfindung der Regierung, das ist keine Kommunikationsstrategie oder wie immer man es bezeichnen möchte, sondern ein Ergebnis der Werbebranche, die inzwischen allen eingehämmert hat, dass die Botschaften kurz und einheitlich sein müssen. Die Reduktion auf Plakattexte, um es vereinfacht zu sagen, ist ein schreckliches Ergebnis dieser Entwicklung.

Hören und zuhören sind die großen Fähigkeiten des Menschen, aber wir nehmen uns nicht mehr die Zeit dafür und haben auch gar nicht vorgesehen, dass man auf jemanden oder etwas hören sollte. Dabei leben wir in einem Kommunikationszeitalter, wo es von entscheidender Bedeutung ist, dass man im Umgang mit „Social Media" auch diesen Markt beherrscht. Es darf aber die Frage gestellt werden, ob „Social Media" überhaupt zur Kommunikation bestimmt sind? Es geht hier vielmehr darum, den Markt zu beherrschen, als einen richtigen Inhalt zu bieten. Offensichtlich gibt es zu wenig Stimmen, die auch versuchen, eben diese Inhalte zu suchen und zu untersuchen, zu differenzieren und zu gestalten. Ich bin mit dem Wort „Der Glaube kommt vom Hören" aufgewachsen. Heute habe ich Zweifel, ob man überhaupt noch hören will, ja zuhören kann, weil wir uns gar nicht mehr die Zeit dazu nehmen. Dass dazu auch geistige Funktionen wie etwa die Unterscheidung der Geister notwendig sind, ist stark verlorengegangen. Dieses kritische Wort muss auch der Journalismus akzeptieren. Sehr vieles von dem, was den politischen Parteien im Allgemeinen und der Regierung im Besonderen angelastet wurde, ist ein Ergebnis der Mediensituation, die sich ebenso in einem radikalen Ausmaß verändert. Allein schon die Vielgestaltigkeit der Fernsehlandschaft, die wiederum nicht die Bedeutung hat, wie man allgemein vermutet, ist ein Zeichen dafür. Wir wissen aber in Wirklichkeit noch nicht, wie sich „Social Media" wirklich auswirken, weil der Umgang mit ihnen, die Entwicklungen entsprechender Regelungen und dergleichen mehr noch weit davon entfernt sind, praktikabel zu sein.

Beunruhigend ist allein schon die Verrohung der Sprache, die hier stattfindet, wobei offensichtlich bei den geliebten österreichischen Teilnehmern das Unterste zuoberst kommt. Darüber müsste nachgedacht werden, wieso das geschieht, denn wenn solche Aggressionen vorhanden sind, die auf diese Weise sich ihren Bann schaffen, ist noch mehr zu befürchten. Mit dem Gesetz allein wird man das nicht lösen können, wahrscheinlich braucht es eine andere Form des Gespräches, des aufeinander Zugehens.

Wer soll das machen? Wir reden von der Vielgestaltigkeit der „Civil Society", wobei ich mir nicht ganz sicher bin, dass sie schon „civil" ist – im Sinne, dass es eine wirklich bürgerliche Gesellschaft ist. Hier verstehe ich das Bürgertum nicht im Sinne des „Bourgeoisie", sondern des „cives" wie uns die Römer bereits den Bürgerbegriff übermittelt haben, also jeder Einzelne ist davon betroffen! Dieser Bürgersinn wird Schritt um Schritt schmäler, weil er eigentlich gar nicht geschätzt ist. Das müsste insbesondere politische Gruppen beunruhigen, die des Öfteren das „Bürgerliche" für sich in Anspruch genommen haben. In aller Deutlichkeit muss gesagt werden: Das bedeutet nicht Trägheit, Sattheit, Zufriedenheit oder gar die Vertretung eines Prestiges, sondern die Anteilnahme an der Gesellschaft im wirklichen Sinn.

Wenn es heute radikalere Gruppen gibt, dann vor allem auch deswegen, weil sich darin Menschen wiederfinden, die das Gefühl haben, an den Rand gedrängt worden zu sein, „Marginalisierung" sagt man heute dazu! Auch hier gibt es eine Aufgabe der Politik, nämlich der politischen Parteien, aber auch aller politischen Bewegungen, die es zum Glück in Österreich reichhaltig gibt. Diese Gesichtspunkte finde ich eigentlich kaum in Programmen, höchstens in einigen Überschriften, aber wohl kaum in Maßnahmen. Das verlangt natürlich auch bestimmte Grundhaltungen. Hier muss man ganz positiv bemerken, dass bei den vielen Diskussionen, die ich in jeder Woche irgendwo in Österreich und auch außerhalb durchführe, die Nachfrage nach Wertvorstellungen existiert – ich möchte es gerne „Bindungen" nennen, weil damit das lateinische Wort „religare" auftaucht, also in einem offenen und weiteren Sinn Religion. Von Religion wird aber heute herzlich wenig gewusst.

Beim Abschied des Evangelischen Bischofs von Österreich, Dr. Michael Bünker, habe ich mit Interesse gehört, dass der gegenwärtige Bundespräsident Van der Bellen vor kurzem in die Evangelische Kirche eingetreten ist. Es gibt also offensichtlich eine gewisse Bewegung in diese Richtung, weil zeitweise auch die Eintritte in die Konfessionen die Austritte überwiegen. Es geht mir nicht darum, eine Religionsgesellschaft zu erzeugen, aber Bindungen zu erhoffen, denn diese sind mit Sicherheit ein

Halt in dieser bewegten Zeit. Dafür darf auch eingetreten werden, vor allem auch für die Politik. Es geht nicht darum, etwa eine christliche oder sonstige Gesetzgebung zu verankern, wenngleich die Reflexion von Grundsätzen sicher eine Rolle spielen könnte. Vielmehr geht es darum, das auch in entsprechender Weise zu vertreten. Ich glaube, dass heute der Bezug zu diesen Gesichtspunkten relativ schmal geworden ist.

Ich registriere mit Sorge, dass Repräsentanten dieses Staats eigentlich gar nicht mehr richtig in der Lage sind, solche Haltungen zu beschreiben. Dabei geht es nicht um die Erfüllung der „Christenpflichten", sondern Haltung als Orientierung in der Gesellschaft. Wir diskutieren die Dinge nur oberflächlich, etwa wenn der Karfreitag seine Rolle als Feiertag für die Protestanten infolge eines EU-Gerichtshofbeschlusses verliert. Vielleicht darf darüber nachgedacht werden, was ein Feiertag eigentlich bedeutet. Es ist ein Geschenk, dass man auch etwas feiern kann, nicht nur in Bezug auf eine Konfession, sondern generell. Gibt es noch eine Reflexion darüber, was der Sonntag in einem Ablauf einer Woche bedeutet?

Genug der Predigt! Es braucht vielmehr eine grundsätzlichere Haltung und ein Gespräch darüber. Ganz sicher nicht den Konflikt in Richtung von mehr Konflikten, sondern in Form von Angeboten, die uns eigentlich das Leben erleichtern, wenn wir eben Bindungen haben!

Die Situation ist günstig, wenngleich ich mit Sorge registrieren muss, dass etwa die Kirchen, die zuallererst interessiert sein müssten, diesen Zustand viel zu wenig nutzen. Positiv allerdings möchte ich vermerken, dass die Nachfrage nach Bindungen, nach Wertvorstellungen in den politischen Diskussionen, die ich führe, beim Publikum sehr stark vertreten ist. Vielleicht gibt es hier eine Mangelerscheinung, die nicht nur von den Repräsentanten der Konfessionen, sondern vor allem auch von der Politik viel zu wenig wahrgenommen wird. Es ist zu wenig, auf die Bedeutung der Menschenrechte zu verweisen, denn diese sind ja schließlich eine Grundlage unseres Zusammenlebens und als Orientierung notwendig, aber zu wenig! Ich habe auch Zweifel, ob der absehbare Ethikunterricht das abdecken wird, denn wir wissen genau, dass wir heute zu wenig Lehrer haben, ja uns auch eigentlich gar nicht darüber im Klaren sind, welche Ethik unterrichtet werden soll. Ich habe in einer Schule festgestellt, dass man dort als Ethik das Fach „Verkehrserziehung" versteht, die sicher notwendig ist, aber wirklich in den unteren Rängen ethischer Vorstellungen vorkommt, nämlich im Respekt gegenüber den anderen, die sich auch auf einer Straße in irgendeiner Form bewegen.

Noch einmal: Wir gehen nicht auf einen Weltuntergang zu, wenn wir begreifen, dass wir selbst alle Möglichkeiten haben. Da ist allerdings die Form, wie darauf hingewiesen wird, manchmal etwas eigenartig. Ich habe sehr früh ökologische Gesichtspunkte in der Politik vertreten. Mich beunruhigt aber die gegenwärtige Masche, mit der das betrieben wird. Ich habe allen Respekt vor einem schwedischen Mädchen, weniger Respekt vor einem ehemaligen Österreicher, der ein erfolgreicher Hollywoodschauspieler geworden ist, weil er zu seinen ökologischen Auftritten mit dem Privatjet kommt, was sicher nicht besonders ökologisch ist. Meine Sorge ist, dass hier eine Masche verfolgt wird. Die eigentliche ökologische Frage ist aber das Maßhalten, sich selber Grenzen setzen, dann wird die Belastung unserer Welt, die uns anvertraut ist, sinken. Vielleicht ist der Gedanke notwendig, dass „Weniger ist mehr" auch eine politische Kategorie sein könnte. Diese Überlegungen spielen allerdings keine Rolle, wenngleich sie in einzelnen Punkten wie etwa „weniger Auto, weniger Mobilität, weniger Konsum" manchmal auftauchen.

Vielleicht wäre es ein interessantes Thema, wenn man in Zukunft die Frage stellt, was wir wirklich für das Leben brauchen? Wir haben heute zweifellos mehr als wir brauchen, wo-

19

bei es natürlich auch Teile unserer Gesellschaft gibt, für die das nicht gilt, weil sie zu wenig haben. Das wird dann als „Minderheitenschutz" bezeichnet, was schon sehr deutlich zeigt, dass es ein bewältigbares Problem darstellt. Es wäre also jeder politischen Gruppierung zu empfehlen, darüber zu reden und in einen Dialog mit den Bürgerinnen und Bürgern einzutreten, was wir wirklich für ein auskömmliches Leben brauchen. Es ist genug da, dass wir unser Auskommen haben können. Es hängt aber nicht so sehr primär von der Verteilung ab, sondern von der Einstellung, was wir uns selber für dieses Leben genehmigen und abverlangen. Das beim letzten Wahlkampf aufgetauchte Plakat, dass sich jeder nehmen soll, was ihm zusteht, ist genau die gegenteilige Strategie und eigentlich schrecklich! Das aber haben wenige festgestellt.

Damit wären wir bei der eigentlichen Wende, die wir dringend brauchen, nämlich eine andere Betrachtungsweise, was zum Leben selber notwendig ist. Die Politik kann hier nicht auf Substitute hoffen, die es statt ihr machen. Sie selbst hat die Aufgabe, das zu klären. Dass andere Gruppen in der Gesellschaft in eine ähnliche Richtung gehen, dass es Forschung und Wissenschaft braucht, um die Dinge zu erklären und den Wandel zu instrumentieren, ist außer Frage. Es ist aber nicht notwendig, diese Dinge hysterisch durchzuführen, sondern in einer gewissen ruhigen Gelassenheit, die mit Nachdenken und daraus resultierenden Konsequenzen verbunden ist. Dieser unserer Zeit empfehle ich mehr Nachdenklichkeit samt den Schlussfolgerungen daraus, denn schließlich geht es um unser Leben und um unsere Zukunft. Diese aber ist nicht zu plakatieren, sondern zu bewältigen.

1. Kurz und die Sollbruchstelle Kickl

Es begann mit heiligen Schwüren und endete mit düsteren Drohungen: Am 18. Dezember 2017 wurden Sebastian Kurz und sein Kabinett von Bundespräsident Alexander van der Bellen angelobt. Sofort war von einem „neuen Stil" der Zusammenarbeit die Rede, der vor allem darin bestehen sollte, dass die beiden Parteien nicht öffentlich streiten würden. Nach dem Auftauchen des Ibiza-Videos wurde nicht nur schnell gestritten, sondern auch gedroht. Der entlassene Innenminister Herbert Kickl analysierte seinen bisherigen Partner Sebastian Kurz in der Nationalratssitzung vom 27. Mai 2019, zehn Tage nach Bekanntwerden des Ibiza-Videos, als Mann, dem es nur darum ginge, seinen Machtbereich auszuweiten. Und dann: „Ich habe mit russischen Oligarchen vielleicht weniger zu tun als andere, die hier auf diesen Regierungsbänken sitzen." Kickl weiter: „Ich gehe davon aus, dass wir in den kommenden Wochen und kommenden Monaten vielleicht Dinge erfahren werden, vielleicht auch ein Sittenbild zum Vorschein kommen wird in den Zusammenhängen, wo ich Ihnen nur sagen kann, dass vielleicht das, was wir auf den Bändern von Ibiza sehen, Dinge, die unter Alkoholeinfluss gesprochen wurden, gegen die Wirklichkeit, die nüchtern ist, verblassen könnten."

Etwas kompliziert in der Satzkonstruktion, aber sehr klar in der Aussage droht hier Kickl mit Enthüllungen, gegen die Straches geplanter Verkauf von österreichischen Interessen an eine vermeintliche russische Oligarchennichte harmlos sein soll. Plötzlich agiert Kickl gegenüber seinem ehemaligen Partner mit Methoden, die er auch sonst gerne anwendet: Er verbreitet Angst.

Halten wir kurz inne: Herbert Kickl war 17 Monate lang als Bundesminister für Inneres Chef von 30.000 Polizisten und vielen Behörden, die für die innere Sicherheit der Republik Österreich zuständig sind. Kaum entlassen, und zwar ganz ordnungsgemäß nach der österreichischen Bundesverfassung, droht der Mann, der auf diese Verfassung angelobt war, mit einem „Sittenbild", das er offenlegen werde. Der Mann, der über geheime Informationen über Österreich und viele seiner Staatsbürger, vielleicht auch über Geheimnisse von anderen EU-Staaten, Bescheid wusste, stellt negative Konsequenzen für seine Heimat in den Raum. Jene Heimat, die er stets vorgab schützen zu wollen, wenn auch mit fragwürdigen Entscheidungen und geschmacklosen Reimen. Und noch etwas: Nach dem ersten Schock und einem für den Ibiza-Skandal erstaunlich guten Wahlergebnis für die FPÖ bei den EU-Wahlen am 26. Mai 2019 spricht der neue FPÖ-Chef Norbert Hofer schon von der Fortsetzung des angeblich „erfolgreichen Weges".

In Wirklichkeit war diese Regierung der Beginn des Weges in eine autoritäre Republik. Herbert Kickl hatte die Strategie geplant und dabei Sebastian Kurz den Führersitz und damit den Anschein der Macht überlassen, solange dieser als Kanzler der Planung und den Aktionen Kickls folgte. Noch im Wahlkampf hatte Kurz für den Bundeskanzler die „Richtlinienkompetenz" nach deutschem Vorbild verlangt, die lag aber in Sicherheitsfragen de facto bald beim Innenminister.

Das Ende dieser Kooperation war dann abrupt, aber es musste kommen, denn Sebastian Kurz merkte, dass er an Macht verlor und Herbert Kickl immer mehr das Geschehen dominieren wollte. Wie das ablief, soll hier beschrieben und analysiert werden.

Herbert Kickl ist die Konstante der FPÖ seit Jörg Haider, er steckt hinter den Kampagnen und den bösen Sprüchen, für die zunächst Haider und dann Strache Applaus bekamen. Zwar war nach der Spaltung vom BZÖ im Jahr 2005 Heinz-Christian Strache FPÖ-Chef, und nach dessen peinlichem Abgang Norbert Hofer – aber Kickl bestimmte stets das Auftreten der FPÖ.

Nun gibt es zwei Möglichkeiten: Entweder war es der größte Fehler von Sebastian Kurz, den Kärntner mit der stets aggressiven Rhetorik als Innenminister zu akzeptieren, denn der langjährige FPÖ-Generalsekretär war von Anfang an die Sollbruchstelle der türkis-blauen Koalition. Oder es war eine überaus raffinierte Strategie von Kurz. Denn er wusste, dass er an der Person Kickl die Koalition jederzeit beenden könnte – und immer höhere Beliebtheitswerte haben würde als der ehemalige Philosophiestudent ohne Abschluss. Diese Variante klingt originell, ist aber weniger wahrscheinlich. Aus FPÖ-Quellen ist nämlich bekannt, dass Heinz-Christian Strache zunächst selbst Innenminister werden wollte, dann aber darauf verzichtete, als er sah, wie groß die Arbeitsbelastung und vor allem auch das Gefahrenpotenzial dieses Amtes ist. Als die FPÖ dann Kickl vorschlug, glaubte Kurz nicht mehr zurück zu können, das Innenministerium war bereits der FPÖ zugesagt. Der ÖVP-Chef war in Eile, er wollte noch vor Weihnachten 2017 seine Regierung präsentieren. Dabei ließ er sich sogar die Rücknahme des Rauchverbots in Lokalen abringen, obwohl die ÖVP-Abgeordneten genau das zuvor mit der SPÖ beschlossen hatte. Für eine Auseinandersetzung mit der FPÖ um das Innenministerium hatte Sebastian Kurz keine Nerven mehr. Und Herbert Kickl hatte einen Plan, wie er das Land verändern würde, auch durch die Verbreitung von Angst.

Machtwille und Mediendominanz

Wie hat sich Österreich in diesen eineinhalb Jahren vom Antritt der Regierung am 18. Dezember 2017 bis zum Misstrauensvotum gegen Kurz und sein gesamtes Team am 27. Mai 2019 verändert? Und wer hatte welchen Anteil? Sicher ist: Sebastian Kurz wollte die Macht um jeden Preis, und er verstand es geschickt, damit zu hantieren, wenn auch ohne klare gesellschaftspolitische Überzeugung, was er denn mit der Macht anfangen soll. Herbert Kickl hingegen hatte eine Vision, und für diese brauchte er einen höchst effizienten Apparat. Umso besser, wenn dieser zum Großteil aus bewaffneten Einheiten im Bereich des Innenministeriums bestehen konnte. Die kurze Amtszeit von Türkis-Blau ließ eine grundsätzliche Veränderung der Republik Österreich nicht zu, aber die Ansätze sind zu erkennen, und sie deuten in Richtung eines autoritären Staates, der durch Erzeugung von Angst errichtet werden sollte. Der frühere Vizekanzler Erhard Busek hat ja in seinem Vorwort eine Diskussion mit Kickl beschrieben, wo dieser argumentierte, die Politik müsse den Menschen Angst machen, wenn sie etwas verändern wolle. Kickl machte Angst, und Kurz schaute lange zu, weil er sich im Besitz der Macht so wohlfühlte.

Andreas Mölzer, der wegen rassistischer Äußerungen von seinem Mandat als EU-Abgeordneter zurücktreten musste, hat die FPÖ in einem TV- Interview einmal als „revolutionäre Partei" bezeichnet. Er hat dann ein wenig geschmunzelt, als wäre es ihm peinlich, so offen seine Gedanken auszusprechen. Aber niemand durfte überrascht sein, als Kickl etwa an der Menschenrechtskonvention zweifelte, die in Österreich im Verfassungsrang steht, oder im ORF-Report formulierte: „Das Recht muss der Politik folgen und nicht die Politik dem Recht." Die ÖVP wiederum hat sich immer als bürgerliche und vor allem staatstragende Partei verstanden. Warum die ehemals starken Landeshauptleute und Chefs der Bünde Sebastian Kurz völlig willenlos die Partei übergaben und auch später nur intern murrten, wenn wieder einmal ein sogenannter „Einzelfall" den Charakter des Partners FPÖ offenlegte, bedarf noch einer genaueren Analyse. Jedenfalls zogen sie sich auf ihre geografischen oder inhaltlichen Bereiche zurück und wollten bestenfalls peu à peu wahrhaben, wie sich Österreich veränderte.

So unterschiedlich Kurz und Kickl im Auftreten sind, so sehr ähneln sie einander im Umgang mit den Medien, vor allem, was das Ziel betrifft: nämlich Einfluss zu haben, und zwar mit vielen denkbaren Methoden, wenn es sein muss auch mit der Verbreitung von Angst.

Der Unterschied lag in der Vorgangsweise. Kurz und seine Gefolgschaft machten es meistens geschickter, der Kanzler setzte lieber Mitarbeiter für Interventionen ein, griff aber auch selbst oft zum Telefon, mit einer Mischung aus Interesse an Redakteuren, deutlichen Wünschen an diese und Druck auf Eigentümer. Kickl agierte mit seinem Medienerlass vor allem gerichtet gegen *KURIER, Standard* und *Falter*, der immerhin zu einer kurzfristigen Solidarität unter Journalisten führte. Aber er wollte auch, dass seine Macht in der Regierung bekannt ist. Ein wenig Angst verbreiten, das passte ihm auch. Im ORF kursierte der Spruch: „Wenn du was werden willst, musst du zum Kickl gehen, nicht zu Strache." So etwas gefiel dem Politiker, der sich oft zu wenig anerkannt fühlte.

Der Versuch, aus der Republik Österreich einen Staat mit starken autoritären Tendenzen zu machen, ist vorerst gescheitert. Vorerst. In dem Strache-Video geht es, soweit es bekannt ist, um den Zugriff auf Medien und auf Wirtschaftsunternehmen zum Zwecke des Machterhalts, um illegale Parteispenden und um den von der FPÖ erwünschten größeren Einfluss Russlands. Dieser ist bei der FPÖ wie bei den anderen rechten bis rechtsextremen Parteien in Europa durchgehend zu beobachten, was durchaus bemerkenswert und nicht zu unterschätzen ist.

Das besonnene Vorgehen von Bundespräsident Alexander van der Bellen hat unser Land kurzfristig beruhigt, Bundeskanzlerin Brigitte Bierlein und ihr Team kluger und erfahrener Expertinnen und Experten gibt den Menschen ein wenig Vertrauen in die Staatsgeschäfte zurück. Die neue Bundeskanzlerin zitierte bei ihrem ersten Auftreten im Nationalrat den römischen Politiker und Autor Marcus Tullius Cicero: „Nichts hält das Gemeinwesen besser zusammen als die Verlässlichkeit." Und Bierlein weiter: „Für Verlässlichkeit stehen wir, und um Vertrauen werben wir."

Vertrauen, Parteispenden und wieder ein Wahlkampf

Der Vertrauensindex der Politiker, den die Austria Presse Agentur (APA) regelmäßig erstellt, zeigte schon Mitte Juni: Es tut sich etwas im Land. Die neue Bundeskanzlerin Bierlein kam im Vergleich zum April auf sehr hohe 40 Prozent, gleich gefolgt von Bundespräsident Alexander van der Bellen, während der frühere Bundeskanzler Kurz einen Rückgang um 16 Punkte auf 11 hinnehmen musste. Aber auch SPÖ-Chefin Pamela Rendi-Wagner verlor, sogar um 17 Punkte, und kam nur auf minus 17. Die FPÖ-Politiker sind in dieser Befragung alle abgestürzt, am tiefsten natürlich Heinz-Christian Strache und Johann Gudenus. Bei Beate Meinl-Reisinger und Werner Kogler zeigte die Kurve hingegen nach oben, bei der Neos-Chefin um acht Punkte, beim Grünen um sechs. (Hinweis: Die Punktezahl ergibt sich aus dem Saldo zwischen „Ich habe Vertrauen zu diesem Politiker" und „Ich habe kein Vertrauen zu diesem Politiker".)

Der beginnende Wahlkampf hat das Vertrauen vieler Politikerinnen und Politiker aber weiter reduziert, denn es ging von Beginn an nicht um Ideen für die Zukunft, sondern um Parteispenden, weil bekannt wurde, dass der Tiroler Bauindustrielle Klaus Ortner für den letzten Wahlkampf rund eine Million Euro an die ÖVP gespendet hatte, allerdings gestückelt in kleine Beträge, wodurch diese nicht sofort publik gemacht werden mussten. Aber die Parteien sind in der Verfassung als „wesentlicher Teil der demokratischen Ordnung" verankert, also muss darauf geachtet werden, wie sie Österreich weiter entwickeln wollen. SPÖ und FPÖ haben in sonderbarer Eintracht die Kontrolle der Parteien durch den Rechnungshof verhindert. Das ist nicht nur bedauerlich, es ist auch unlogisch, weil die Parteien laut Verfassung eben eine wesentliche Rolle in der Demokratie spielen.

Dieses Buch zeigt einiges von dem auf, was sich in Österreich in den letzten eineinhalb Jahren verändert hat. Wir erinnern uns an den Satz des FPÖ-Präsidentschaftskandidaten Norbert Hofer, der im Zuge einer TV-Debatte im ORF im Rahmen des Wahlkampfs 2016 zu Ingrid Thurnher gesagt hat: „Sie werden sich wundern, was alles möglich ist." Über manches haben wir uns nicht gewundert, weil die FPÖ rechtspopulistische Parteien und autoritäre Systeme zum Vorbild hat. Wie sehr Sebastian Kurz, der Chef einer Partei, die sich früher einmal an der christlichen Soziallehre orientiert hat, der FPÖ und vor allem Herbert Kickl nachgegeben hat, war dann doch erstaunlich. Wie dies möglich war und welche Lehren die Politik und Bevölkerung daraus ziehen können. Und was heißt das für die nächste Bundesregierung? Wird Sebastian Kurz wieder mit der FPÖ koalieren? Der ÖVP-Chef schließt das jedenfalls nicht aus, und auch Herbert Kickl und Norbert Hofer haben schon davon gesprochen. Die Person des jetzigen FPÖ-Klubobmanns Kickl wird dabei wesentlich sein. Er will unbedingt wieder Minister werden, würde aber auch vom Posten des Klubobmanns aus einen anderen FPÖ-Innenminister inhaltlich steuern. Die Diskussion darüber gab es gleich zu Beginn des Wahlkampfs. Auch in der ÖVP sprach man darüber, aber nicht öffentlich, die Disziplin in der früher so undisziplinierten Partei ist noch immer erstaunlich groß, jedenfalls, solange Sebastian Kurz Erfolg hat. Und der ÖVP-Chef wiederholte stets nur, er wolle Kickl nicht mehr in einer künftigen Regierung haben. Kickl dazu in oe24: „Kurz hat schon viel gesagt." Ex-Minister Gernot Blümel sieht Kickls Diktum von der „sozialen Heimatpartei" als „sozialistisch-nationalistisch angehaucht", wie er im KURIER am

14. Juli 2019 erklärt, aber eine Zusammenarbeit mit der FPÖ schließt er keineswegs aus.

Viele honorige Persönlichkeiten in der ÖVP haben in den letzten zwei Jahren aus Solidarität geschwiegen, oder, wie es der frühere Kärntner Landeshauptmann Christof Zernatto in der Kleinen Zeitung formulierte: „Manchmal hätte ich mir einen Aufschrei erwartet." Die ÖVP-Landeshauptleute hat Sebastian Kurz ganz einfach hinter sich gebracht. Ihnen versprach er, er würde in ihre Kompetenzen nicht eingreifen, wie ÖVP-Landes-chefs in internen Kreisen erzählten. Das verschaffte dem Bundeskanzler Ruhe an einer wesentlichen, der innerparteilichen Front, an der andere ÖVP-Chefs schon verzweifelt oder gar gescheitert sind. Allerdings hat der junge Parteiobmann alleine schon dadurch jeden Anspruch auf wirkliche Reformen im Österreich aufgegeben, denn echte Einsparungen wären nur durch Veränderungen der Kompetenzen zwischen Bund und Ländern möglich. Das werden wir am Beispiel der angeblich sparsameren Organisation der Sozialversicherung sehen. Die sogenannte Reform mit der vereinbarten Errichtung der Österreichischen Krankenkasse (ÖKK) wird finanziell nicht so viel bringen wie versprochen war. Nur ein neues Spitalskonzept würde viel Geld sparen. Aber das würde auf Kosten des Einflusses der Landesfürsten gehen, das hat sich Kurz nicht getraut.

Eines hatte sich Sebastian Kurz bei der Bildung der Regierung mit der FPÖ im Herbst 2017 aber ganz fest vorgenommen: Die neue Führung im Land müsse stets Harmonie vermitteln. Die Österreicherinnen und Österreicher hatten genug vom ewigen Streit. Dieses Thema zog sich seit Jahren durch die Innenpolitik. Im Jahr 2008 wollte ÖVP-Chef Willi Molterer den Streit in der Regierung mit einem heftigen „Es reicht!" beenden, die Wahlen gewonnen hat aber SPÖ-Chef Werner Faymann mit dem Slogan „Genug gestritten!".

Im Jahr 2017 war das anders gelagert. Den Streit hatte ja – und das ist die Pointe hier – Sebastian Kurz selbst seit dem

Amtsantritt des neuen Kanzlers Christian Kern befeuert, unterstützt in erster Linie von Wolfgang Sobotka, der aus Dankbarkeit dafür als einziger aus der alten ÖVP-Führung politisch überlebte. Nun ist die Annahme, dass eine Regierung aus zwei unterschiedlichen Parteien immer nur freundschaftlich miteinander umgehen würde, entweder sehr naiv. Oder, wie in diesem Fall, ein klares Kalkül: Kurz steht in seiner Inszenierung immer für das freundliche Gesicht der Politik. Wenn es also einmal schiefgehen würde, muss der Partner verantwortlich gemacht werden. Und noch etwas: Dieses Bild von Harmonie und Einigkeit entsprach auch dem Charakter des jungen Kanzlers, der alles und jeden in seiner Umgebung kontrollieren wollte, in erster Linie seine Partei, dann aber gleich die Medien, mit vielen, recht unterschiedlichen Methoden.

Methoden, die offenbar wirken. „Was, du schreibst ein Buch über Kurz?", wurde ich öfter gefragt. „Wird dir das nicht schaden?" Was für ein Denken! Was ist los in Österreich, ist die Verbeugung vor einem Stückchen Macht unser neuer Gruß? „Leiste keinen vorauseilenden Gehorsam", hat der Historiker Timothy Snyder in seinem Buch „Über Tyrannei" geschrieben. Wie aktuell diese Aufforderung doch ist, in Österreich, im Jahr 2019; wie schrecklich, dass wir darüber reden müssen. „Die Demokratie stirbt in der Dunkelheit", heißt es bei der *Washington Post*, auch das kann man nicht oft genug zitieren.

Dieses Buch soll zu mehr Helligkeit in Österreich beitragen. Auch dazu, dass die Macht, die zur Politik immer dazugehört, mit mehr Verantwortung ausgeübt wird. Und niemand mehr Angst vor denen haben muss, die gerade an der Macht sind.

2. Sebastian Kurz – der Kontrollor

Message Control – dieses Wort bleibt jedenfalls von der Regierung Kurz, und es beschreibt am besten, wie der junge Politiker seinen Weg nach oben plante: einfache Botschaften formulieren und dafür sorgen, dass diese überall verbreitet werden. Dabei darf man auch keine Scheu haben, immer wieder dasselbe mit denselben Worten und derselben Stimmlage zu erzählen. Bis es jedenfalls die Anhänger auch verinnerlicht haben und genauso weitergeben.

Message Control bedeutet aber noch etwas: nämlich anderslautende Meldungen und Meinungen möglichst zu unterdrücken. Das hat Sebastian Kurz am Anfang vermieden, mit zunehmender Selbstsicherheit aber – spätestens ab der Zeit im Außenministerium – diszipliniert, manche sagten brutal durchgezogen. Die eigenen Funktionäre wurden angewiesen, was zu sagen ist. Schon im Wahlkampf wurden die Quereinsteiger, die nach und nach präsentiert wurden, von ÖVP-Sprechern streng geführt, bei Interviews war ein Lob für den Parteichef immer dabei, und auch als sie dann frei gewählte Abgeordnete zum Nationalrat waren, bestimmten Pressemitarbeiter, wann diese was sagen durften. In Artikel 56 Absatz 1 der Bundesverfassung heißt es: „Die Mitglieder des Nationalrates und die Mitglieder des Bundesrates sind bei der Ausübung dieses Berufes an keinen Auftrag gebunden." Dieser Satz gehört in jeden Parlamentsklub – in großer Schrift.

In das ÖVP-Team der Bundesregierung hat Kurz dann fast ausschließlich politisch völlig unerfahrene Personen geholt. Und sie bekamen alle Mitarbeiterinnen und Mitarbeiter aus dem Umfeld von Kurz für ihre Kabinette. Nur Josef Moser, früher einmal Jörg Haiders wichtigster Berater, aber ein Mann mit ausgeprägtem Sturschädel, wählte sein Team selbst aus und missachtete manchmal die Message Control, was ihm intern Kritik eintrug. Genau mit dieser Methode wurde ja darauf geachtet, dass in den Medien, soweit das möglich war, die Sichtweise des Politikers ungefiltert dargestellt wurde.

Auch Erwin Pröll sollte kontrolliert werden

Manchmal ging diese Methode aber schief, denn auch Kontrollore sollten wissen, mit wem sie es zu tun haben. Beim früheren niederösterreichischen Landeshauptmann Erwin Pröll, der in seiner langen Amtszeit als Landeschef (1992–2017) selbst durchaus ein ungebrochenes Verhältnis zur Macht hatte, musste die Message Control scheitern, und das ging so:

Am 29. Jänner 2018 gab Pröll *SchauTV,* dem TV-Sender des *KURIER,* ein Interview. Dabei ging es unter anderem um die sogenannte Nazi-Liederbuchaffäre des niederösterreichischen FPÖ-Spitzenkandidaten für die Landtagswahl, Udo Landbauer. Ein Liederbuch seiner Burschenschaft Germania in Wiener Neustadt war bekannt geworden, in dem schreckliche Nazi-Lieder enthalten waren. Derselbe Landbauer hatte im Wahlkampf die ÖVP-Landeshauptfrau Johanna Mikl-Leitner als „Moslem-Mama" bezeichnet.

Pröll sprach in dem Interview klar und ruhig von „der gemeinsamen Aufgabe der türkis-blauen Bundesregierung, sich von Schatten der Vergangenheit zu befreien." Und Pröll weiter: „Da kann sich der Bundeskanzler genauso wenig wie der Vizekanzler aus der Verantwortung stehlen". Pröll sah „in der jetzigen Phase ein Mondfenster, wo es gelingen kann, die Schatten der Vergangenheit abzuwerfen und ohne Ballast in die Zukunft zu gehen, wenn hier klare Schritte gesetzt werden".

Das war keine Attacke, das war eine nüchterne Analyse eines erfahrenen Politikers der ÖVP. Aber kaum war der Wortlaut des Interviews auf der Website *kurier.at,* ging auf dem Handy

Handy des früheren Landeshauptmanns ein Anruf ein. Wolfgang Sobotka rief an, von Beruf Präsident des österreichischen Nationalrats. Pröll selbst war in einem Gespräch, also antwortete ein Mitarbeiter. Was Sobotka denn wolle? Nichts weniger, als dass Pröll seine Aussagen in diesem Interview zurückziehen solle. Es war klar, warum. Der Truppe um Kurz waren Liederbuch und allfällige Kommentierungen über dieses völlig gleichgültig, aber dass der langjährige Politiker Pröll den Namen Kurz in Zusammenhang mit dem Nazi-Skandal erwähnte und die gesamte Bundesregierung zur Verantwortung rief, das war zu viel. Als Pröll von dem ungewöhnlichen Begehr erfuhr, ein Interview zurückzuziehen, das ja für das Fernsehen bereits aufgezeichnet war, reagierte er eher ungehalten. Er denke nicht daran, das zu tun. Das hätte das Ende dieser Geschichte sein können, war es aber nicht, denn es kam noch ein Anruf, diesmal vom Bundeskanzler höchstpersönlich. Erwin Pröll hatte in der Zwischenzeit sein Gespräch beendet und war für Sebastian Kurz am Telefon zu sprechen, aber sicher nicht für dessen Anliegen zu haben. Ganz im Gegenteil, wie sich Pröll später gegenüber dem Autor noch genau erinnert: „Es hat am Telefon eine heftige Diskussion gegeben." Mehr wollte er dazu nicht sagen. Aber wer den selbst- und machtbewussten Erwin Pröll kennt, weiß, dass es da sehr deutlich zuging.

Eines unterscheidet die beiden Politiker neben ihrem Alter ganz sicher: Mit Erwin Pröll konnte man streiten, so heftig, dass es auch unfein werden konnte. Aber der Landeshauptmann trug diese Differenzen persönlich aus, nicht über Beschwerden an „höherer Stelle". Das macht eine ehrliche Versöhnung auch nach einem tiefen Zerwürfnis wieder möglich.

Ein Widerspruch taucht in der Persönlichkeit des jungen Mannes, der einmal als „größtes politisches Talent seit Bruno Kreisky" oder zumindest seit Jörg Haider bezeichnet wird, auf: Der Unterschied zwischen einem selbstbewussten, manchmal sogar herrischen Auftreten und einer Unsicherheit, die sich bei

Kurz in eigenartigen Fragen ausdrückt. Ein ehemaliger sozial-demokratischer Politiker berichtet von einem Treffen mit dem Bundeskanzler, wo die Frage auftauchte: „Wie schätzen Sie mich ein?" Warum fragt das ein erfolgreicher Politiker mit sehr ordentlichen Sympathiewerten? Vielleicht, weil auch im Kreise der Berater niemand mehr da ist, mit dem er ein offenes Gespräch über seinen inneren Zustand führen kann.

Eine Karriereleiter namens Junge ÖVP

Auf die Methoden der Message Control und ihre Auswirkungen werden wir noch zurückkommen. Wahrscheinlich brauchen Politiker solche Instrumente, besonders dann, wenn sie nur wenige Überzeugungen, aber umso mehr Machtbewusstsein mit sich bringen. Kein Beruf, für den man absolut keine formale Ausbildung braucht, bietet in kurzer Zeit so viele Möglichkeiten der öffentlichen Profilierung wie der des Politikers, und das gilt gerade auch für den Nachwuchs. Sebastian Kurz hat das gewusst und seit seiner Zeit als Schüler angestrebt. Mit 16 Jahren wollte er der ÖVP in seinem Heimatbezirk Meidling beitreten. Diese Bezirksorganisation – in einer Gegend, wo es die Schwarzen traditionell schwer hatten und haben – war wenig weitsichtig und wollte den ehrgeizigen Burschen wegen seiner Jugend noch nicht, also ging er in die Innere Stadt. Mit 23 Jahren wurde er Obmann der Jungen ÖVP. Die Parteijugend wurde traditionell nur beschränkt ernst genommen, obwohl sie seit 1971 eine gleichberechtigte Teilorganisation der ÖVP ist. Immerhin, einige ihrer Chefs schafften es später in die Spitzenpolitik. Fritz König, JVP-Chef zwischen 1960 und 1972 wurde ein beliebter Klubobmann, Josef Höchtl (1972–1981) schaffte den Sprung zum Chef des großen Arbeitnehmerbundes ÖAAB, Othmar Karas (1981–1990) wurde Generalsekretär der ÖVP und dann EU-Delegationsleiter und Vizepräsident des EU-Parlaments, Werner Amon (1993–2001) war Generalsekretär und wurde vor Kurzem zum Volksanwalt bestellt. Sie alle planten eine politische Karriere nach ihrer Tätigkeit in der Jungen ÖVP. Sebastian Kurz aber gelang es, schon in der Jugendorganisation ein Team von Vertrauten zu bilden, mit denen er in der ÖVP Einfluss nehmen wollte.

In der Politik ist vieles Zufall. Manche Minister wurden am späten Abend gefragt, ob sie ein Amt in der Bundesregierung annehmen würden und wurden am nächsten Tag angelobt, andere bereiten sich jahrelang vor und schaffen den Sprung in die Spitzenpolitik dennoch nicht. Bei Kurz spielten mehrere Umstände zusammen. Josef Pröll trat im April 2011 nach einer Lungenembolie als Parteiobmann und Vizekanzler zurück, Michael Spindelegger folgte ihm nach. Er bildete den ÖVP-Teil der Regierung um, Prölls Generalsekretär Fritz Kaltenegger sollte Staatssekretär im Innenministerium werden. Aber Kaltenegger, zuvor auch Direktor des österreichischen Bauernbundes, dachte an ein Leben nach der Politik und wechselte in die Privatwirtschaft. Das war die Chance des Sebastian Kurz.

Das Medienecho bei der Ernennung des 24-Jährigen war übrigens gar nicht so negativ, wie Kurz später behauptete. Oliver Pink nennt ihn in der Tageszeitung *Die Presse* „eloquent mit vernünftigen Politikansätzen", ich schrieb im *KURIER*, dass auf Kurz der größte Druck in der Regierung lasten werde, weil am Thema Integration schon viele Regierungen gescheitert seien. *Der Standard* war unfreundlich: „Sebastian wer? Das ist jener 24-jährige Jungspund, der im Wiener Wahlkampf einen auf geil machte und mit Riesengeländewagen und leicht bekleideten Frauen durch die Stadt düste (...). Das ist eine Verarschung all jener, die in diesem Bereich tätig sind und sich um Integration bemühen." Der Boulevard kommt am „Geilomobil" erst recht nicht vorbei, die *Kronen Zeitung* nennt Kurz „Geilomat", die Gratiszeitung *heute* titelt aufreizend, aber auch nicht so negativ: „Der jüngste und geilste Politiker in der Regierung."

Das „Geilomobil" spielte im Wiener Wahlkampf von 2010 eine Rolle, ein großes schwarzes Auto, das die Parole „Schwarz macht geil" in Wien transportieren sollte. Das sorgte nicht für das beste Image, aber immerhin für ein Mandat im Wiener Landtag.

Nach seiner Bestellung zum Staatssekretär für Integration suchte Kurz schnell Kontakt zu den Journalisten, anfangs extrem vorsichtig, fast unterwürfig. Auf die Idee, sich bei Zeitungen zu beschweren, wäre er da nicht gekommen. Mit der Bestellung zum Außenminister im Dezember 2013 änderte sich viel. Seit März 2014 auch mit den Europa-Agenden ausgestattet, lud Kurz regelmäßig Journalisten auf seine Auslandsreisen ein und pflegte mit fast allen ein unverbindliches Du-Wort. Schon in dieser Zeit begannen die Anrufe in den Redaktionen, wenn etwas nicht so geschrieben war, wie sich das Kurz und die Seinen erwartet hatten. Aber richtig los ging es, als Sebastian Kurz beschlossen hatte, dem neuen Bundeskanzler Christian Kern keine Zeit zu lassen, sich im Amt zu etablieren. Kern hatte sein Amt im Mai 2016 angetreten, ÖVP-Chef und Vizekanzler Reinhold Mitterlehner glaubte im Gegensatz zu Kurz an den Sinn einer Partnerschaft mit dem neuen SPÖ-Chef und zitierte im Nationalrat Hermann Hesse: „Und jedem Anfang wohnt ein Zauber inne". Aber Sebastian Kurz wollte einen ganz anderen Anfang, nämlich seinen als Bundeskanzler. Und die Medien sollten ihm helfen.

Das nicht immer freundschaftliche Du-Wort

Österreich sei zu klein für ein anständiges Miteinander von Politik und Medien, so heißt es immer. Das kann aber auch eine Ausrede sein. Sicher ist, dass Menschen, die einen journalistischen Beruf wählen oder politisch aktiv werden, sich schon früh dafür interessieren. Da kennt man sich von der Universität, dem Bundesjugendring, von Vorfeldorganisationen wie dem CV oder einer NGO. Später kommen Klausurtagungen dazu, Auslandsreisen oder die üblichen Termine beim Heurigen. Das Du-Wort ist traditionell Teil der österreichischen Innenpolitik und sagt gar nichts über persönliche Nähe oder gar Freundschaft aus. Viele PolitikerInnen und JournalistInnen kennen einander von der Universität oder einer NGO. Ich selbst habe mit Michael Häupl, Josef Cap, Peter Pilz, Brigitte Ederer, Willi Molterer, Josef Moser und Wolfgang Brandstetter studiert, um nur einige Namen zu nennen, und ich verstand mich später nicht unbedingt mit allen besser, die wie ich in der Österreichischen Studentenunion (ÖSU) aktiv waren. Jörg Haider oder Helmut Zilk duzten ohnehin jeden, auch Fremde auf der Straße, egal ob jünger oder älter, ich war mit beiden per Sie, und für Sebastian Kurz war das Du-Wort von Anfang an selbstverständlich, auf Grund seines Alters und weil er sehr locker damit umging.

Kurz schaute aber auch von Anfang an, wie er Medienhäuser mit öffentlichem Geld für seine Person einnehmen könnte. Es gibt Ministerien, die mehr Geld für Inserate ausgaben als das Außenministerium unter Sebastian Kurz, aber was soll das Außenamt überhaupt bewerben? Da fiel dem Kabinett schon etwas ein, und damit hatte Kurz schon einmal die Gratiszeitung *Österreich* auf seiner Seite. Das tat der Geldbörse des finanzaffinen Verlegers Wolfgang Fellner gut, regelmäßige Interviews waren gut für beider Ego.

Aber das Auffälligste an Kurz war, sobald er sich in seiner Funktion als Staatssekretär eingerichtet hatte und erst recht dann als Außenminister, sein ausgeprägter Wunsch, alles, was über ihn berichtet wurde, kontrollieren zu können. Bis ins Detail. Ich erinnere mich an eine Szene beim Staatsbesuch des Bundeskanzlers im Juni 2018. Kurz stand mit ein paar Beratern in der Lobby des Hotels in Jerusalem. Ich näherte mich der Gruppe und machte mit dem Handy Fotos, auf denen der Bundeskanzler von hinten zu sehen war. Sofort wurde er unruhig.

Warum wird hier fotografiert? Klar, er hat immer seinen Leib-
fotografen dabei, der nur die vorteilhaften Fotos aussucht, im
Idealfall jene, wo der Bundeskanzler hohen Staatsgästen oder
Wirtschaftsführern mit erhobener Hand den Weg weist. Fotos,
auf denen Kurz verloren wirken könnte, darf es nicht geben.

Also wirkt er meistens gut geschminkt, tritt immer unta-
delig gekleidet auf, auch wenn es mal sportlich sein soll, und
stets ist eine Gruppe von Vertrauten um ihn herum. Er vermei-
det es, öffentlich zu essen oder irgendwie aus dem Rahmen zu
fallen. Er will genau wissen, wann und wie er fotografiert wird.
Deshalb sind seine wichtigsten Begleiter neben den Presse-
sprechern der Fotograf und das Kamerateam. Kein Event ist zu
unbedeutend, als dass nicht in Echtzeit ein Video gedreht wird
und über Twitter und Facebook und Instagram verbreitet wird.
Wenn er in der Holzklasse fliegt, wird gefilmt und fotografiert,
wenn er aber auf Langstrecke Business Class fliegt, was ihm
bei seiner Funktion und seinem Arbeitspensum durchaus zusteht und auch vorkommt, darf das nicht verbreitet werden. Auf
Twitter folgen 350.000 User, auf Facebook hat er über 800.000
Abonnenten, auf Instagram knapp 100.000. Dazu kamen offizielle Seiten des Kanzleramts und der ÖVP. Die Show läuft permanent. Aber das reicht nicht. Also rief er auch als Kanzler in
allen Redaktionen an, und sei es nur, um einen Zwischentitel in
einer Meldung der Austria Presse Agentur zu bemängeln, mit
der deutlichen Bitte, oder sagen wir Aufforderung, das zu kor-
rigieren. Am liebsten würde er nicht nur die Aufnahmen seiner
persönlichen Fotografen in den Medien wiederfinden, sondern
dazu gleich auch die Presseaussendungen seiner Mitarbeiter.

Nur selten zeigte der Kontrollor Nerven

Der Versuch wird natürlich gemacht. Für die Sonntagszeitun-
gen wird ein Thema aufbereitet, am Montag folgt eine Presse-

konferenz. Niemand macht das so perfekt und konsequent wie das Team um Kurz.

Dabei ist Kurz in der Regel nicht wie Donald Trump, also impulsiv, unberechenbar oder beleidigend. Im Gegenteil, meistens kontrolliert, freundlich, „on message", wie das in der Fachsprache so schön heißt.

Eine seiner liebsten Formulierungen ist, dass er „gegen das Anpatzen" sei. Im Wahlkampf 2019 war das eine seiner ersten Stellungnahmen. Er selbst hielt sich meistens daran, sein Generalsekretär und andere Mitarbeiter nicht immer, aber nach Auftauchen des „Ibiza-Videos" überraschte er, als er sofort „Silberstein" rief, ohne irgendeinen Beweis oder auch nur einen Hinweis zu haben. „Silberstein" rufen, das war eine für ihn unpassende Reaktion, so etwas überlässt man normalerweise den Parteisekretären. Interessanterweise verschärfte er den Silberstein-Vorwurf im Sommergespräch mit Corinna Milborn auf *Puls 4*. Und fügte noch den Namen Gabriel Lansky dazu, ein der SPÖ nahestehender Anwalt. Dieser habe das Video „angeblich" verkauft. Einen Beleg dafür konnte er nicht erbringen. Eine Strategie hinter diesem „Anpatzversuch" war nicht zu erkennen, die SPÖ erwirkte eine einstweilige Verfügung, Lansky kündigte Klage an, reichte sie aber nach einem Gespräch mit Kurz nicht ein. Man habe sich geeinigt, dass Kurz den Vorwurf nicht wiederholen werde, so der Anwalt.

Ein weiteres seltenes Beispiel, das zeigt, dass Kurz als Kanzler die Nerven verlieren konnte, und zwar massiv und in aller Öffentlichkeit: Im März 2019 berichteten alle Medien vom Vorhaben der Bundesregierung, die Parteienförderung nicht so stark zu erhöhen, wie es das Gesetz eigentlich vorsehen würde, sondern nur um 2 Prozent, also in der Größenordnung der Inflation. Laut Gesetz wäre eine Steigerung von 7,8 Prozent fällig gewesen. Der Sender Ö3 meldete in den 7-Uhr-Nachrichten des 20. März völlig korrekt, dass die Regierung die Parteienförderung erhöhen wolle, eben um 2 Prozent, die Opposition aber dagegen sei. Außerdem beließ die Regierung die Bestimmung, dass es auch in den nächsten Jahren eine automatische Valorisierung geben werde. Im Gegensatz dazu hatte sich Kurz im Jänner für ein komplettes Aussetzen der Erhöhung ausgesprochen. Nach dem Ministerrat an diesem Mittwoch aber warf Kurz mit deutlich erhöhter Stimme den *Ö3*-Nachrichten „die ultimative Form der Falschinformation" vor. Das war eine Formulierung, wie sie eher von der stets ORF-kritischen FPÖ erwartet worden wäre. Kurz schwächte dann ab, er wolle keine Medienkritik üben, aber eben auch keine Falschinformationen hören. *Ö3* lag völlig richtig, aber Kurz ging es darum, dass seine Attacke vor allem von ORF-Redakteuren richtig verstanden wurde. Zu dieser Zeit hatte die FPÖ wieder einmal das Ende der Gebühren für den ORF verlangt, da wollte auch Kurz offenbar etwas Druck auf den öffentlichen Rundfunk und dessen Journalisten machen.

Normalerweise nahm Kurz selbst nur die Vorbereitung von Schmutzarbeit in die Hand, hinter den Kulissen, also so, dass er nicht damit identifiziert werden konnte. Spätestens seit Kurz beschlossen hatte, die Regierung Kern/Mitterlehner zu ihrem Ende zu bringen oder ihr zumindest keinen Erfolg zu gönnen, also bald nach dem Antritt von Christian Kern im Mai 2016, begannen die Vorbereitungen für die Übernahme der ÖVP. Ein klares Ziel war die Schaffung einer der ÖVP noch freundlicheren Medienlandschaft. So hörte ich bald aus der Umgebung des Außenministers, jetzt müsse *„der KURIER auf Linie gebracht werden"*. Ja, genau so war die Formulierung. Dann wurde es schon persönlicher. Ein anderes Statement wurde mir so nähergebracht: „Du musst dich drei Schritte von Christian Konrad entfernen." Drei Schritte entfernen? Was heißt das? Warum? Und warum solle der *KURIER*, wie es hieß, „auf Linie gebracht werden"?

Medien als „nachgeordnete Dienststellen" der Regierung

Herbert Kickl soll ja im Wahlkampf 2017 intern gesagt haben, das werde das letzte Mal sein, dass man die klassischen Medien brauche. Später werde alles über die Sozialen Medien laufen. Im Gegensatz zu dieser Aussage bemühen sich noch immer alle Parteien, im *ORF*, in den Privatsendern und in den Zeitungen gut vorzukommen. Dabei ist die *Kronen Zeitung* mit ihren über 2 Millionen Lesern noch immer die mit Abstand größte Tageszeitung. *Kurier, Presse, Standard* und die noch immer erfolgreichen Bundesländerzeitungen werden von den Politikern aber auch als Meinungsmacher mit vielen Multiplikatoren gesehen.

Einige Zeitungen wie der *KURIER* haben ein Redakteursstatut, das den Redakteurinnen und Redakteuren sehr viele Rechte gibt. Es ist auf der Website *kurier.at* zu finden. Die Chefredaktion oder die Ressortleitungen können die Mitarbeiter überreden oder noch besser überzeugen, etwas zu schreiben, Artikel verändern dürfen sie aber ohne Zustimmung der Autoren nicht, ja nicht einmal die Überschrift oder Zwischentitel. Und die Redakteurinnen und Redakteure des *KURIER* leben diese Unabhängigkeit, die im Redakteursstatut festgelegt ist, ohne Rücksicht auf Parteien. Das kann natürlich zu Konflikten führen. Heftig war es etwa, als der *KURIER* über ein Inseratengeschäft berichtete, das Werner Faymann als Infrastrukturminister mit dem damaligen Herausgeber der *Kronen Zeitung*, Hans Dichand, abgeschlossen hatte. Es wurde uns ein Vorstandsprotokoll der ÖBB-Holding zugespielt, in dem der damalige Vorsitzende des Vorstands Martin Huber berichtete, was der dafür eigentlich unzuständige Minister Faymann für die ÖBB vereinbart hatte. Der Wirbel war groß, Faymann und Minister Josef Ostermayer mussten zum Staatsanwalt. Dass sie darüber nicht glücklich waren, versteht sich von selbst. Den Versuch von Interventionen gab es in vielen

Fällen, aber niemandem ist es gelungen, „den *KURIER* auf Linie zu bringen". Umso größer war der Wunsch von Kurz, der das wusste.

Und Christian Konrad? Der Raiffeisen-Generalanwalt und *KURIER*-Aufsichtsratspräsident hat mich im Sommer 2010 als Chefredakteur zum *KURIER* geholt und 2013 auch zum Herausgeber gemacht. In dieser Funktion hat er mir bei allen Interventionen, die bei ihm einlangten, den Rücken freigehalten. Er nahm die Unabhängigkeit des *KURIER* immer ernst.

Vom August 2015 bis zum September 2016 war er dann Flüchtlingskoordinator der Bundesregierung und sollte in dieser Funktion für das bestmögliche Management sorgen. Gerade zwischen den Ministerien, den Bundesländern und den NGOs gab es viel zu koordinieren, um den Druck auf alle diese Institutionen zu reduzieren. Für den geplanten Wahlkampf von Sebastian Kurz war es besser, mehr Probleme zu zeigen als weniger, Konrad passte nicht in die türkise Strategie, und auch ein Zeitungsherausgeber, der die Flüchtlingswelle zwar als große Herausforderung sah, aber von seinen Überzeugungen her immer für menschliche Lösungen eintrat, war der ÖVP lästig.

Das Vorgehen von Kurz und seinen Leuten verlief nach einer klassischen Doppelstrategie: Entweder wir bringen den *KURIER* „auf Linie", wie ja die eindeutige Losung hieß, oder der Verantwortliche muss weg. Ich habe beides gespürt. Zunächst einen durchaus werbenden Sebastian Kurz, der gerne anrief, Treffen vereinbaren ließ, Standpunkte testete. Gleichzeitig liefen Beschwerden bei den Eigentümern ein. „Ich habe niemanden angerufen", erklärte er mir regelmäßig, wenn ich ihn auf Interventionen ansprach. Kann man solche Anrufe wirklich sofort vergessen?

Die Außenministerin wollte sich den Redakteur aussuchen

Auch andere Ministerinnen und Minister versuchten sich in der Methode der Message Control. Besonders patschert stellte sich Außenministerin Karin Kneissl an. Zu Beginn ihrer Amtszeit suchte der *KURIER* auch bei ihr um ein Interview an. Die Rückmeldung war ungewöhnlich: Ja gerne, aber sie werde nicht mit der Redakteurin sprechen, die das Interview machen wollte, wir sollten jemanden anderen schicken, ließ der Pressesprecher ausrichten. Wie bitte? Also rief ich Frau Kneissl persönlich an. Was haben Sie gegen diese Kollegin? „Diese Redakteurin hat einmal unfreundlich über mich geschrieben, mit der rede ich nicht." Meine Antwort: „Das muss ich zur Kenntnis nehmen, wir werden aber unseren Lesern erklären, dass und warum Frau Kneissl nicht im KURIER vorkommen will." Und dann sagte ich noch ein paar wenig freundliche Worte über ihre Nähe zum Boulevard, zu dem sie ja keine Berührungsängste hätte. Da reagierte sie besonders böse, erklärte mir, dass bei ihr im Zimmer einige Leute bei diesem Telefonat zuhören würden, und dann meinte sie: „Gut, schicken Sie diese Redakteurin, Sie haben mich erpresst." Was ich mir auch nicht gefallen ließ und drohte, diesen Vorwurf sofort auf unsere Website zu stellen. Worauf sie sich entschuldigte. Nein, in Österreich haben solche Episoden keine Konsequenzen. Im Gegenteil, es gibt immer mehr Politikerinnen und Politiker, die sich aussuchen wollen, mit wem sie reden und was über sie geschrieben wird.

Dieses kleine Beispiel zeigt, dass manche ungeübte Politikerinnen und Politiker diese Message Control nur ungeschickt versuchten. Aber die ganze Regierung hätte am liebsten nur mit Medien gesprochen, wo man sich Fragen und Reporter aussuchen kann. Und die Regierung schreckte nicht zurück, gefügige Medien mit Steuergeld mittels Inseraten zu kaufen. Das war auch zuvor der Fall, aber Kurz und Co. haben uns ja oft versprochen, sie wollten „neu regieren".

Das Perverse an dieser Situation ist, dass die Angst vor diesen Medien riesig ist, bis über die Amtszeit hinaus. Auch hier ist Karin Kneissl ein gutes Beispiel. Im Mai 2018 berichtete die Gratiszeitung *Österreich* nicht nur über eine Erkrankung der Ministerin, sondern auch, dass „Insider erzählen, dass die Erkrankung weit schlimmer war" und dass es noch immer „keine klare Diagnose" gäbe. Das roch nach einer Kampagne mit klarem Ziel. Im Juni 2019, nach ihrem Ausscheiden aus dem Amt, sprach Karin Kneissl auf *Puls 4* im Rahmen eines längeren Gesprächs mit Corinna Milborn auch darüber. Ein Verleger habe ihr klar gesagt, dass das Ministerium Inserate buchen müsse, sonst gäbe es „keine nette Berichterstattung". Niemand weiß, wen Frau Kneissl meinte. Wer aber dieses Geschäft kennt, hat eine konkrete Ahnung. Dennoch habe sie das Budget für Inserate um 80 Prozent gekürzt. Den Namen des Verlegers wollte sie noch immer nicht nennen. Wovor hat sie jetzt noch Angst?

Der unpassende Vergleich mit Alois Mock

Jeder, der Fellners Produkt liest, spürt, wie wohlwollend es für Kurz Sebastian Kurz berichtet – oft wirkte es wie eine Regierungszeitung. Die Frage ist, warum dies einem ohnehin so erfolgreichen Kanzler nicht unangenehm war. Andere Mitglieder der Bundesregierung zu schützen lag ihm ohnehin nie am Herzen, vielleicht sah er es sogar mit Zufriedenheit, wenn andere Minister nicht so gut wegkamen, es ging ja immer um ihn und um seine Macht.

Das Streben nach Macht wirkt bei Kurz auch deshalb so ausgeprägt, weil es nie durch inhaltliche Überzeugungen eingeschränkt war. Seinem Biografen Paul Ronzheimer erzählte Kurz zwar, dass Alois Mock sein großes Vorbild sei. Ronzheimer: „Kurz, der die Biografie von Mock genau studiert hat, beeindrucken vor allem diese beiden Dinge: Der Beitritt zur EU, der in einer Volksabstimmung später mit 66 Prozent besiegelt wurde und der für seine Generation heute als völlig selbstverständlich gilt. Und der Einsatz für Menschen, die für Freiheit kämpfen und aus einem Unrechtsregime fliehen."

Da hat Kurz zwei historisch wichtige Leistungen im Leben von Alois Mock (1934–2017) hervorgehoben, aber Vorbild war ihm der große ÖVP-Politiker nicht, denn der war aus anderem Holz geschnitzt. Mock wurde nach einer kurzen Karriere als Diplomat im Jahr 1969 mit 35 Jahren der damals jüngste Unterrichtsminister in der Alleinregierung von Josef Klaus, 1979 ÖVP-Chef und war zwischen 1987 und 1995 Außenminister. Vor allem aber war er ein Grundsatzdenker mit Haltung und Überzeugungen. Schon in den 1960er Jahren sprach er vom Vorhaben der Integration Österreichs in die Europäische Wirtschaftsgemeinschaft, 1982 formulierte er „die europäische politische und wirtschaftliche Einigung klar als Ziel der österreichischen Politik". Er stand für sozialen Ausgleich in der Gesellschaft, als Unterrichtsminister wollte er die „Durchlässigkeit zwischen den Bildungswegen" erreichen. Er war der erste Politiker in Österreich, der im Jahr 1969 ein Stück Mitbestimmung an den Universitäten einführte – die Drittelparität in den Studienkommissionen. Hertha Firnberg (SPÖ) brachte den Studentinnen und Studenten sowie dem akademischen Mittelbau dann mit dem Universitätsorganisationsgesetz (UOG) noch mehr Rechte, die die schwarz-blaue Regierung Schüssel teilweise wieder zurücknahm.

Alois Mock strebte die politische Macht an, um inhaltliche Programme zu verwirklichen, nicht nur um der Macht Willen. Mocks Überzeugung war die katholische Soziallehre, dabei nicht nur die Subsidiarität, von der Kurz gerne im Zusammenhang mit der EU spricht, sondern auch das Solidaritätsprinzip und das Gemeinwohlprinzip. Sie gehören unbedingt auch zur katholischen Soziallehre und gehörten früher auch zur ÖVP. Und noch ein Unterschied: Wenn Kurz als Politiker vor allem auf Inszenierung setzt, dann hat dies Alois Mock nur einmal getan, als er vor 30 Jahren im Juni 1989 gemeinsam mit dem ungarischen Außenminister Gyula Horn mit einer riesigen Zange ein Stück des Eisernen Vorhangs zwischen Österreich und Ungarn durchschnitt.

Sebastian Kurz war die Theorie nie wichtig, sein Studium betrieb er nur nebenbei, in der Österreichischen Hochschülerschaft (ÖH) war er nie aktiv. Auch dort geht es den jungen Leuten schon um Machtfragen, wie ich selbst erlebt habe, aber in der Auseinandersetzung mit den anderen Fraktionen links und rechts müssen bürgerliche ÖH-Funktionäre doch eine gewisse inhaltliche Grundbildung mitbringen. In der Jungen ÖVP war das weniger notwendig, dort ging es um Organisation, Abhängigkeiten und – natürlich auch – Inszenierung. Dort hat Sebastian Kurz sein Handwerk gelernt, die Erforschung historischer Zusammenhänge war da nicht im Vordergrund, ebenso wenig Prinzipien und Grundsätze von Geschichte und Politik.

„Spricht da die sozialistische Tageszeitung *KURIER*?"

Das führt zurück zum Wahlkampf 2017, zum Versuch Abhängigkeiten zu schaffen. Für den zweiten Teil der Strategie, den *„KURIER auf Linie zu bringen"*, waren Mitarbeiterinnen und Mitarbeiter von Kurz zuständig. Besonders brutal war dabei das Vorgehen von Gerald Fleischmann, einem Mann, der kurz Journalist war, die meiste Zeit seines Lebens aber Pressesprecher. Dabei muss er eine eigene Art entwickelt haben, Redakteure unter Druck zu setzen und zu verunsichern. Anruf bei einem *KURIER*-Redakteur: *„Spricht da die sozialistische Tageszeitung KURIER?"* Er wurde erst etwas vorsichtiger, als ich im drohte, den nächsten derartigen Anruf wörtlich abzudrucken.

In Deutschland, wo ich lange gelebt und gearbeitet habe, würde sich ein Pressesprecher das nicht trauen. Eine unfreundliche Nachricht von Christian Wulff auf der Mailbox des *BILD*-Chefredakteurs Kai Diekmann hat im Februar 2012 zum Rücktritt des deutschen Bundespräsidenten geführt. Österreich war da immer anders. Aber Sebastian Kurz hat hier die Grenzen noch weiter verschoben. Allzu viele Politiker und deren Pressesprecher glauben, dass die Medien zu ihrer Verfügung stehen müssten.

3. Herbert Kickl:
Der FPÖ-Mastermind
seit Haiders Zeiten

Zunächst eine Bemerkung: Ich kann mich an kein persönliches Gespräch mit Herbert Kickl erinnern. Das klingt fast unglaublich, wenn man so lange im Wiener polit-medialen Komplex lebt. Um dieses Manko zu beseitigen, habe ich zu Beginn seiner Zeit als Innenminister um einen Termin angesucht, wie bei allen anderen Regierungsmitgliedern auch. Doch dazu kam es nie, Kickl verweigerte jeden Kontakt. Dafür sprach er mit den Eigentümern des KURIER, hier also eine Parallele zu Kurz.

Über den Menschen Herbert Kickl weiß die Öffentlichkeit sehr wenig. Geboren im Oktober 1968 sei er in einer „unpolitischen Arbeiterfamilie" in Radenthein im Kärntner Bezirk Spittal an der Drau aufgewachsen, vermeldet Wikipedia. Sicher ist, dass er an der Universität Wien lange Philosophie und Geschichte studiert und die Uni ohne Abschluss verlassen hat. Ab 1995 war er in der Freiheitlichen Parteiakademie tätig, zwischen 2005 und dem Eintritt in die Bundesregierung im Dezember 2017 war er Generalsekretär der FPÖ.

In das Innenministerium in der Wiener Herrengasse ist Kickl mit sehr viel Misstrauen gegen die dort tätigen Beamten eingezogen. Wer in sein Büro kam, musste zuvor das Handy abgeben, das galt auch für Journalisten, die es als Aufnahmegerät für ein Interview verwenden wollten. Was er sich über das Ministerium gedacht hat, erfuhren wir nach seinem Abschied, als er nur mehr vom „schwarzen Netzwerk" sprach. Aber er brauchte Vertraute. Peter Goldgruber, einen ehemaligen FPÖ-Arbeitnehmerfunktionär, der es zuvor auch bei der SPÖ versucht hatte, kannte er nicht gut, aber er passte gut zu Kickl,

47

da Goldgruber aus persönlichen Gründen von der Bürokratie enttäuscht war. Der Polizeijurist wurde als Generalsekretär Vertrauensmann und Vollzugsorgan. Bei eingefleischten FPÖ-Polizisten war Herbert Kickl bald populär, andere Beamte schienen ihn am Anfang nicht zu interessieren. Die Beschaffung neuer und zusätzlicher Waffen wurde Kickl angerechnet, auch wenn diese schon von seinem Vorgänger Sobotka bestellt worden waren.

Umso überraschender, dass sich die Stimme des Innenministers, ziemlich weichgespült, plötzlich im März 2019 in der sonst soften, der Politik fernen Ö3-Sendung „Frühstück bei mir" am Sonntagmorgen vernehmen ließ. Der Moderatorin Claudia Stöckl vertraute er ein paar Geheimnisse an: Er frühstücke eher asketisch, sei sehr sportlich, weshalb er bei Extremläufen wie dem „Celtman" in Schottland oder dem „Evergreen" in Chamonix teilgenommen habe, er habe keine Angst vor dem Tod und er bereue keinen einzigen seiner politischen Slogans wie diesen besonders widerlichen: „Ich verstehe überhaupt nicht, wie einer, der Ariel heißt, soviel Dreck am Stecken haben kann." Das hat Kickl für Jörg Haider aufgeschrieben, der damit Anfang 2000 bei seiner Aschermittwochsrede den Präsidenten der Israelitischen Kulturgemeinde Ariel Muzicant bösartig attackierte. Der dumpfe Antisemitismus war bewusst einkalkuliert und funktionierte traurigerweise beim dortigen Publikum. Die Formulierung stammte von Kickl, der das wieder so sagen würde, ebenso, wie er wieder Plakattexte entwerfen würde wie für den Wiener Wahlkampf im Jahr 2005: „Pummerin statt Muezzin" und „Daham statt Islam".

Die Lage der FPÖ sei nach der Spaltung von Haiders BZÖ eben schwierig gewesen, so Kickl auf Ö3. Für den politischen Erfolg würde Kickl alles machen, will er uns wohl sagen, und da ist er absolut glaubwürdig. Warum er sich damals, nach dem Parteitag von Knittelfeld, Heinz-Christian Strache angeschlossen hat und nicht seinem großen Förderer Jörg Haider treu geblieben ist, hat er nie begründet. Aber es spricht viel dafür, dass er wusste, dass Strache ihn brauchen und von ihm abhängig sein werde. Und so war es dann auch. Als Strache im Wahlkampf 2017 in der *ORF*-Pressestunde die Besetzung des Innenministeriums durch die FPÖ als Koalitionsbedingung nannte, dachten viele, der FPÖ-Chef wolle diesen schwierigen Posten selbst bekleiden. Als Strache aber darauf verzichtete, wobei es dazu auch Gespräche mit Kurz gab, entsprach es der innerparteilichen Logik, dass Herbert Kickl diesen Posten wollte. Nicht so sehr, um einmal in Uniform zum Ministerrat gehen zu können, was für Verwunderung sorgte, sondern weil dies die ideale Schaltstelle ist, um einen autoritären Staat aufzubauen. Und weil das Innenministerium einen Machtapparat bietet, mit dem man auch die Menschenrechte und die Menschenwürde untergraben kann, wenn das der Regierungspartner zulässt.

Dabei hätte die ÖVP nur ins Archiv gehen müssen. Da wäre sie auf eine Stellungnahme des damaligen Justizministers Wolfgang Brandstetter gestoßen, der über Kickl bei den Alpbacher Justizgesprächen im Jahr 2015 erklärt hatte: „Wer die Änderung der Menschenrechtskonvention oder gar deren Beseitigung fordert, der bewegt sich in Österreich außerhalb des Verfassungsbogens." Genau das hatte der damalige FPÖ-Generalsekretär gefordert. Dass die Europäische Menschenrechtskonvention (EMRK) im Verfassungsrang steht, störte ihn schon immer. Für den ÖVP-Justizminister war das „gemeinsame Bekenntnis zu den Grundwerten der Menschenrechtskonvention eine der wichtigsten kulturellen Leistungen der abendländischen Kultur." Kickl zweifelte später auch als Innenminister daran. Aber: Wer gegen die Europäische Menschrechtskonvention ist, stellt sich außerhalb des Verfassungsbogens, das gilt auch im Jahr 2015.

49

Kickl will wieder Innenminister werden

Kickl will in jenes Ministerium zurückkehren, für das ihn Kurz nie hätte vorschlagen dürfen. Auf Facebook schrieb er am 11. Juni 2019: „Herr Kurz, es ist ganz einfach! Wenn Sie Angst vor Rot-Blau haben, kann Ihnen geholfen werden. Wir gehen einfach den populären gemeinsamen Reformweg, den Sie vor Kurzem auf Druck der alten ÖVP verlassen haben, nach der Wahl weiter. Das würde sich doch auch die Mehrheit der Bevölkerung wünschen. Als Nachweis Ihrer Unabhängigkeit von dieser alten ÖVP gilt, wenn die FPÖ wieder alle ihre bisherigen Ressorts, in denen hervorragende Arbeit geleistet wurde, übernimmt. Ich persönlich hätte im Innenministerium noch viel Positives zu erledigen. Auch das wäre im Interesse der Mehrheit der Bevölkerung."

Hier ist eine Seelenverwandtschaft zwischen Kickl und Haider zu erkennen. Auch Haider wollte unbedingt in hohe Ämter kommen – und gleichzeitig beleidigte er diejenigen, mit denen er hätte regieren können. Kickl will wieder Minister werden und attackiert die ÖVP so heftig wie zu Zeiten der früheren Opposition. Und wie Haider und andere Populisten redet Kickl gerne von der „Bevölkerung", oder vom „Volk".

Die Rechten tun ja gerne so, als würde „das Volk" ihnen gehören. Das hat Kickl von Haider gelernt und dann zu perfektionieren versucht. Und an das Volk oder gar an das „gesunde Volksempfinden" zu appellieren, das funktioniert im Denken dieser Ideologie nur gegen eine andere Gruppe von Menschen, Ausländer zum Beispiel, so wie Haider das gerne nicht nur in Bierzelten zelebrierte. Oder die Abwertung von kritischen Journalisten. Auch hier war Haider, der Oberösterreicher aus der Nazi-Familie, ein Vorreiter. Lange bevor Trump alle Reporter, die ihn nicht bejubelten, als Produzenten von Fake News beschimpft hatte, führte Haider regelmäßig und lustvoll seine Feldzüge gegen die Medien. Ein erster Höhepunkt war die Besetzung des *ORF*-Landesstudios in Klagenfurt nach der Landtagswahl 1994.

Die Vorgeschichte: Am 18. April 1994 einigten sich Jörg Haider und der Kärntner ÖVP-Chef Christof Zernatto auf eine gemeinsame Regierung. Bei der Landtagswahl hatte die SPÖ fast 10 Prozentpunkte verloren und hielt nur mehr bei rund 37 Prozent, die FPÖ folgte nach Gewinnen mit rund 33 Prozent, die ÖVP mit Landeshauptmann Zernatto bekam 24 Prozent und wurde Dritter. Zernatto war nach der Abwahl Haiders 1991 diesem gefolgt. Er wollte Landeshauptmann bleiben und bot der FPÖ vor allem große personelle Zugeständnisse an. Als es sich aber doch spießte und der ÖVP-Chef wieder mit der SPÖ reden wollte, verschafften sich Spitzenfunktionäre der FPÖ am Abend des 21. April 1994 mit Gewalt Zutritt zum *ORF*-Landesstudio, wie der *Standard* am nächsten Tag berichtete. Erst nach einer Stunde gaben sie wieder auf, wobei sie offen drohten: „Uns kann man nicht aufhalten, denn wir sind nicht aufzuhalten."

Jörg Haider zeigte im Umgang mit Journalisten immer beide Seiten: Er konnte freundlich und charmant sein, begrüßte uns immer herzlich mit dem Du-Wort, wobei er dann schnell auch das Sie wieder akzeptierte, wenn ich ihm regelmäßig auf diese Weise antwortete. Aber er konnte auch anders. Im Jahr 1996 kandidierte Peter Sichrovsky, für alle überraschend, auf der FPÖ-Liste für das EU-Parlament. Sichrovsky war ein bekannter Journalist, als studierter Pharmazeut auch Mitautor des Bestsellers „Bittere Pillen". Und er kommt aus einer jüdischen Familie. Das war Haiders geplanter Wahlgag. Gerade er, oft gescholten wegen antisemitischer Wortmeldungen, hatte plötzlich einen prominenten Juden in seinen Reihen.

Ich war damals Chef und Moderator des *ORF*-Report und unser TV-Team fragte beim Wiener FPÖ-Parteitag, was denn die Basis von Sichrovsky halte. Was wir hörten, waren zum Teil unfreundliche und auch antisemitische Kommentare, die wir Haider live vorspielten. Haider im Report-Studio: „Der Antisemit sind Sie, wenn Sie so etwas im Fernsehen zeigen." Heftige Widerworte in beide Richtungen folgten. Nicht nur, dass er die Täter-Opfer-Umkehr perfekt verstand, wie wir es oft bei ihm und seinen Nachfolgern erlebten, Haider beugte sich nach dem Interview zu mir und meinte lächelnd: „Gell, heute haben wir es uns wieder ordentlich gegeben." Haider, einmal der Feind der Journalisten, dann wieder der Spieler und Jongleur.

Wenn Sebastian Kurz manchmal mit Jörg Haider verglichen wird, weil sie beide jung an die Macht wollten, charmant kontaktfreudig sein konnten und beide keine Scheu vor rechtspopulistischen Ansagen hatten und auch gerne das Opfer gaben, dann gibt es doch einen wesentlichen Unterschied: Haider war ein Spieler, der Lust an unsicheren Situationen haben konnte. Kurz will immer die Kontrolle behalten.

Haider spielte auch mit den Medien, und wenn sie oft kritisch berichteten, genoss er zumindest Präsenz und Aufmerksamkeit. Für Herbert Kickl waren und sind freie Medien Gegner. Wenn sich jemand kaufen ließ, dann nutzte er das aus, als Innenminister hatte er ja die Steuermillionen für Inserate. Dieses Geld setzte er auch ein, um die Medien aus dem Umfeld der FPÖ zu finanzieren, von *unzensuriert.at* bis zum *Wochenblick*. Dass er gerade im rechtsextremen Umfeld mittels teurer Anzeigen Polizistinnen und Polizisten anwerben wollte, passt ins Bild. Auch das hat zur Verunsicherung in der Polizei und bei der Bevölkerung beigetragen.

Rechtsextreme leben davon, eine Gruppe der Gesellschaft gegen eine andere auszuspielen. Und so wie die Spaltung der Gesellschaft ein Ziel war, sollte es auch bei der Polizei funktionieren. Den Vorgängen im Bundesamt für Verfassungsschutz und Terrorismusbekämpfung (BVT) ist das Kapitel 8 gewidmet. Aber Kickl wollte nicht nur eine Einheit für Polizeipferde aufbauen, wo ausgerechnet das Tier, das Viktor Orbán schickte, lahmte, er begann auch mit der Organisation einer eigenen Polizeitruppe, die zunächst als Leibgarde für die FPÖ-Minister diente, wie der *KURIER* am 20. Juni 2019 exklusiv berichtete. Loyalität gegenüber der Partei wurde verlangt, nicht gegenüber dem Staat, auch hier mussten der Rechtsstaat und die demokratische Verfassung hinter dem Machtwillen Kickls zurücktreten. Was die ÖVP und der Bundeskanzler davon wussten, ist ebenso unbekannt wie die Frage, wie groß die Leibgarde des Innenministers hätte werden sollen. Aber wes Geistes Kind Herbert Kickl ist, das hätten Sebastian Kurz – und übrigens auch Bundespräsident Alexander van der Bellen – wissen müssen, und zwar spätestens seit der Rede beim Kongress der sogenannten „Verteidiger Europas" im Oktober 2016 in Linz, wo natürlich auch Vertreter der Identitären anwesend waren. Das Treffen war, so die Veranstalter, der „erste österreichische Kongress gegen die ethnokulturelle Verdrängung der europäischen Völker". Dort waren nicht nur Identitäre, sondern auch andere Rechtsextreme und deutsche Neonazis anwesend. Herbert Kickl, damals Generalsekretär der FPÖ, begann gleich mit einer Abwertung des österreichischen Nationalrats und einem Lob seiner Zuhörer: „Das ist ein Publikum, wie ich mir das wünsche, und wie ich mir das vorstelle. Das ist etwas ganz anderes, als wenn man im Parlament sitzt und in diesen dauerbetroffenen linken Flügel der Roten und der Grünen hineinschaut. Sie werden immer die Nase rümpfen, weil ihnen unsere ideologische Einstellung nicht passt. (...) Ich bin zu einem Treffen gefahren, für die die Europäische Union im gegenwärtigen Zustand mit Sicherheit nicht das Paradies auf Erden ist, und ich bin zu einem Kongress gefahren, wo sich Menschen treffen, die es sich nicht verbieten lassen, weiter zu denken und die Europäische Union nicht gleichsetzen mit dem Ende der Geschichte. (...) Wir müssen diesen Kampf aufnehmen, und dürfen uns keinen Millimeter zurückdrängen lassen, wenn wir uns versammeln wollen zu einer Diskussionsveranstaltung, wo wir untereinander, unter Gleichgesinnten uns treffen und unsere Positionen austauschen wollen und sie dann in weiterer Folge wieder hinaustragen. Der Widerstand muss von uns überall mit der gleichen Vehemenz getragen werden." Der Mann, der sich freute, vor Rechtsextremen bei einem „Kongress der ganz normalen Leute" zu reden, wurde ein Jahr später Innenminister. Kurz wusste, wen er da vorschlägt.

Und die Journalisten wussten es auch. Es hat trotzdem relativ lange gedauert, bis es zu einer solidarischen Geste zwischen mehreren Chefredakteuren kam. Anlass war ein Auftritt Kickls im *ORF*-Report Ende Juni 2018. Da sprach der Innenminister von einem „Konvolut", in dem auch Journalisten vorkommen. Angedeutet wurde, dass sich da vielleicht auch Redakteure etwas zu Schulden kommen haben lassen, auch wenn es keinen Anhaltspunkt dafür gab. Dieses Konvolut ist eine seit circa einem Jahr existierende, 39 Seiten dicke Ansammlung von Vorwürfen gegen Mitarbeiter des BVT, die freilich nach der Recherche von einigen Journalisten überwiegend falsch sind.

Auf die Frage, warum er durch die Razzia im BVT Verunsicherung betrieben habe, meinte Kickl, wie so oft kompliziert – die FAZ meinte „verquast": „Dort, wo nämlich Verunsicherung betrieben wird, das ist nicht das Innenministerium, und das ist auch nicht die Justiz, sondern das sind selbsternannte Aufdecker, das sind gewisse Medien, die sich jeden Tag darum bemühen, irgendwelche Dinge, die als geheim eingestuft sind, die eigentlich nicht für die Öffentlichkeit bestimmt sind, in die Öffentlichkeit zu bringen und dort irgendwelche, ja sagen wir einmal sehr, sehr unvollständigen Darstellungen des tatsächlichen Sachverhalts zu geben." Und wie eine Drohung klang folgender Satz Kickls: „Das muss man nur vielleicht einmal irgendwo auch dazusagen, um auch den Menschen zu erklären, dass auch Medien teilweise hier sozusagen im Fokus des Interesses stehen, ja. Dann wird das eine oder andere klarer."

Esther Mitterstieler stellte daraufhin im *News* die Frage, ob wir jetzt „Zuständen wie in Ungarn oder Polen entgegen gehen"; Rainer Nowak, *Die Presse*, warf Kickl „Spiel mit dem

Feuer" vor; *profil*-Herausgeber Christian Rainer befürchtete, dass „Journalisten zum Schweigen gebracht werden, durch Einschüchterungen oder durch Zwangsmaßnahmen"; Martin Kotynek postulierte im *Standard*: „Es gilt die Pressefreiheit."

Ich schrieb in meinem Kommentar „Die Meinungsfreiheit ist schnell in Gefahr" am 1. Juli 2018:

> Herbert Kickl leitet sein Ministerium in der psychischen Verfassung eines FPÖ-Generalsekretärs. Er will nicht akzeptieren, dass die Demokratie aus Gegensatzpaaren besteht: Hier Regierung, dort Opposition. Hier Verwaltung, dort Justiz. Hier Politik, dort Medien. Kickl will mit seinem „Polizei-TV" eine erwünschte Wirklichkeit erzeugen, die mit Steuergeld über die sozialen und die gekauften, die korrupten Medien verbreitet wird. (...)
> Die Demokratie lebt von starken Medien – in Sonntagsreden hören wir das auch von Politikern, in der Praxis ist das Bekenntnis brüchig. Wer unser Land regieren will, wer Macht und Privilegien eines Regierungsamtes genießen will, sollte schon so viel Kraft und Mut aufbringen, um mit ein paar unabhängigen Medien zu leben, ohne gleich beleidigt zu sein. Oder gar dieses Stück Demokratie zerstören zu wollen.

Immerhin haben wir dadurch eine Debatte über Medienfreiheit ausgelöst. Und kein Wunder, dass FPÖ-Mediensprecher Hans-Jörg Jenewein die Vorwürfe als „absurd" bezeichnete. Ausländische Medien wie die FAZ berichteten über Kickl, aber auch über die Reaktion der Journalisten. Das Bundeskanzleramt stellte sich „hinter das Redaktionsgeheimnis, das es zu schützen gilt". Mehr war von Sebastian Kurz nicht zu hören. „Nicht streiten" war auch da wichtiger als eine klare rote Linie zu ziehen.

Aber klar ist auch: Wäre Herbert Kickl länger Innenminister geblieben, hätte er nach neuen Maßnahmen gegen kritische Journalisten gesucht.

Wer bei Kickl auf einen Lernprozess gehofft hatte, wurde enttäuscht. Die Anzeichen, dass er keine Grenzen seiner persönlichen Macht erkennen würde, wurden immer stärker. Intern und extern. Und es ging wieder gegen kritische Medien: Im September 2018 kursiert im Innenministerium und in den Pressestellen der nachgeordneten Dienststellen, auch in den Bundesländern, ein Erlass, dass alle Medien, die kritisch über das Ministerium berichten, von Informationen abgeschnitten werden sollen. Um sich juristisch abzusichern, wird nicht von einer Weisung, sondern von einer Anregung gesprochen. Wörtlich: „Leider wird wie eh und je seitens gewisser Medien eine sehr einseitige und negative Berichterstattung über das BMI beziehungsweise über die Polizei betrieben." Man erlaube sich vorzuschlagen, dass „die Kommunikation mit *Standard*, *KURIER* und der Wiener Stadtzeitung *Falter* auf das nötigste (rechtlich vorgesehene) Maß zu beschränken und ihnen nicht auch Zuckerln wie beispielsweise Exklusivbegleitungen zu ermöglichen" sei, außer es sei eine „neutrale oder gar positive Berichterstattung im Vorhinein garantiert".

Nun glaubten Kickl und seine Beamten doch tatsächlich, dass dieser Erlass nicht bekannt werden würde. Und in der Tat war es schwierig, an ihn heranzukommen. Einige hohe Polizeibeamte erklärten mir, sie würden ihn haben, aber sie müssten davon ausgehen, dass im Ministerium genau beobachtet werde, wer mit wem Kontakt habe. Der *KURIER* erhielt den ganzen Erlass schließlich, wir druckten ihn aber nicht ab, weil wir die Quelle schützen wollten. Vielleicht war ja bewusst etwas eingebaut, wodurch Kickls Leute den Weg des Mails hätten zurückverfolgen können. Ein hoher Polizeioffizier meinte gar, er könne mit mir nur über WhatsApp telefonieren, weil er vielleicht intern abgehört werde. Denn – und diese Aussage schockiert mich bis zum heutigen Tag – „es herrscht ein Klima der Angst in der österreichischen Polizei".

Bewusste Provokationen:
Sicherungshaft und Ausreisezentren

Bei der Attacke auf die Medienfreiheit meldete sich das Kanzleramt wenigstens kritisch zu Wort, bei Kickls Attacke auf den Rechtsstaat hatte die ÖVP jedoch nichts Kritisches einzuwenden.

Im Sommer 2018 sah der Innenminister wieder die Notwendigkeit, der Bevölkerung Angst zu machen. Es waren schon lange kaum Flüchtlinge über die Grenze in Spielberg gekommen, aber eine Übung sollte rund 100 Ehrengästen und 80 Journalisten zeigen, wie gefährlich die Lage noch immer sei. Die Show wurde ausgerechnet „Pro Borders" genannt, ein Begriff, den die Identitären für Demonstrationen verwendeten. Martin Sellner, Chef der Identitären, freute sich: „Unsere Demoparolen werden Truppenübungen." So schnell hatte sich das Land verändert, die Identitären, die ihre Kontaktleute in der FPÖ hatten, redeten schon mit. Kickl hatte sein TV-Team und seine Fotografen dabei. Auf Steuerkosten spielten sie Reporter und berichteten alle Einzelheiten auf Facebook.

Im Februar 2019 überraschte das Innenministerium mit der Idee einer „Sicherungshaft für gefährliche Asylwerber". Der Anlass: Eine Woche zuvor hatte in Dornbirn ein 34-jähriger, in Lustenau geborener Türke den Leiter des Sozialamts erstochen. Der Beamte hatte zuvor ein Aufenthaltsverbot für den mehrfach straffällig gewordenen Türken erwirkt. Dieser hatte Österreich 2010 verlassen, war aber 2019 zurückgekehrt. Der mutmaßliche Mörder hätte also gar nicht nach Österreich einreisen dürfen. Warum konnte er das trotzdem tun, welche Fehler sind passiert? Das waren die Fragen, die die Sicherheitsbehörden und die Justiz hätte sofort klären müssen. Darum hat sich der Innenminister aber nicht gekümmert, sondern er nutzte die menschliche Tragödie eines Mordes an einem Beamten, um unter Ausschaltung der Menschenrechte und der Verfassung eine populistische Forderung aufzustellen. Es gibt nämlich ein Verfassungsgesetz aus dem Jahr 1988, das in Österreich den „Schutz der persönlichen Freiheit" garantiert. Das müssen die Juristen im Innenministerium gewusst haben.

Interessant war die darauffolgende politische Diskussion: Justizminister Josef Moser (ÖVP) verstand die juristische Brisanz und meinte, man könne eine solche Haft „ohne richterliche Genehmigung und richterliche Überprüfung" nicht vornehmen. Bundeskanzler Kurz hingegen warf den Neos und der SPÖ „Blockadehaltung" vor und meinte: „Ich verstehe den Alarmismus nicht." Dabei waren nur die Neos von Anfang an entschlossen gegen die Aushöhlung des Rechtsstaats aufgetreten. Der burgenländische Landeshauptmann Hans Peter Doskozil erklärte in der *ORF*-Pressestunde vom 24. Februar 2019, die Sicherungshaft solle nicht nur gegen Ausländer, sondern auch gegen gefährliche Österreicher angewendet werden. Gleichzeitig betonte er, die Verfassung müsse eingehalten werden, was einfach ein Widerspruch ist. Später meinte Doskozil, viele hätten ihm nicht zugehört, es ging ihm um Opferschutz. Das Beispiel zeigt aber sehr gut, wie sehr sich das Land in kurzer Zeit verändert hatte, wenn Verfassung, Rechtsstaat und Menschenrechte so schnell auf die Seite geschoben werden können.

Spätestens als Heinz-Christian Strache in einem Interview mit der *Kronen Zeitung* am 28. April 2019 vom Bevölkerungsaustausch sprach und damit einen Kampfbegriff der Identitären verwendete, war klar, dass die FPÖ vor einer weiteren Annäherung an die Rechtsextremen nicht zurückschrecken würde. Die Identitären meldeten sich auch gleich zu Wort und lobten ihn auf *YouTube*: „Strache bleibt stabil." Die „Neue Rechte" hat ja schon lange erkannt, dass sie mit klaren Worten und eindeutigen Botschaften den politischen Diskurs mitbestimmen könne.

Dieser Strategie folgte Herbert Kickl schon lange und versuchte mit Reimen und Sprüchen Stimmung zu machen.

Es war immer Stimmung gegen Menschen, gegen einen Teil der Bevölkerung, gegen Ausländer, gegen Andersdenkende. Und die Versuche, seine Anhänger gegen andere aufzuwiegeln, wurden immer erfolgreicher, je wichtiger das Internet wurde. Vor allem Facebook ist voll von Hetzereien, Beleidigungen, Herabwürdigungen, Aufforderungen zur Vergewaltigung von missliebigen Frauen bis hin zu Morddrohungen. Da sitzen Leute zu Hause, fühlen sich benachteiligt, vielleicht gekränkt oder verlassen – und dann kommen Kickl und sein Apparat und erklären ihnen, wer schuld daran ist: Merkel, die Linken, das „schwarze Netzwerk", böse Journalisten, wer auch sonst immer. Und schon werden die Emotionen angeheizt, es wird Angst verbreitet und Sündenböcke müssen geschlachtet werden. Und die ÖVP schaut zu, da muss das christliche Menschenbild halt einmal Pause machen, wenn man die FPÖ braucht, um an der Macht zu bleiben.

Was er als FPÖ-Generalsekretär geübt hatte, hat Kickl dann als Minister umgesetzt. Wieder Stimmung machen, und sei es nur mit neuen Worten, mit denen weiter emotionalisiert werden konnte. Und so wurden am 1. März 2019 aus den Erstaufnahmezentren in Traiskirchen und Thalheim „Ausreisezentren". Hier wird nicht aufgenommen, hier wird ausgereist, und zwar Zack-Zack-Zack. Dafür bemühte sich der Innenminister auch nicht, ein Gesetz zu beschließen, da genügte ihm eine Anordnung. „Die Politik muss dem Recht folgen", hatte er uns ja im *ORF*-Report belehrt.

Aus der ehemals christlich-sozialen ÖVP war wieder nichts zu hören. Als Kickl verordnen wollte, dass Flüchtlinge nur 1,50 Euro Stundenlohn erhalten dürften, gab es wenigstens noch Widerstand von schwarzen Politikern in den westlichen Bundesländern.

Nach Kickls Entlassung fuhr der ehemalige ÖVP-Politiker Ferry Maier mit Aktivisten der Plattform Menschen.Würde. Österreich nach Traiskirchen und ließ die Tafel abmontieren. Maier sprach vom „Ausdruck der Voreingenommenheit der Behörden". Die FPÖ-nahen Medien hingegen tobten. Ein neuer FPÖ-Innenminister wird Kickls Tafeln suchen lassen.

Es waren nur 17 Monate, aber bei den fanatischen FPÖ-Anhängern hat sich Kickl den historisch ohnehin bedenklichen Titel „BIMAZ" erworben. Der ehemals „Beste Innenminister aller Zeiten" ist nun unbestritten gemeinsam mit dem neuen Parteichef Norbert Hofer der wichtigste FPÖ-Politiker.

Hofer und Kickl treten im Stil unterschiedlich auf. Aber sie wollen weiter regieren, um die Partei nach dem Skandal Video zusammen zu halten. Und sie wollen die autoritäre Republik, die nicht Probleme für die Menschen löst, sondern ihnen Angst macht, um diese Angst mit noch mehr Polizei und neuen Sicherheitsbehörden weiter zu schüren. Kurz wird damit leben können, wenn er nur an der Macht bleiben kann.

4. Die FPÖ der Burschenschafter und Rechtsextremen

Jörg Haider hat in seiner Zeit als FPÖ-Chef (1986–2000) eine politische Richtung entwickelt, die später als Rechtspopulismus nicht nur in unterschiedlichen Erscheinungen in Europa, sondern fast überall auf der Welt, von den USA über die Philippinen bis Brasilien, Karriere machte. Führerfiguren wurden erfolgreich, die so tun, als würden sie „das Volk" repräsentieren, in Wirklichkeit aber mit einer kleinen, oft familiären Clique autoritär regieren, was in allen Fällen sehr schnell zu Korruption führt, auch bei Haider und seiner Partie. Im Fall der Hypo Alpe Adria zahlen die Österreicher noch heute für Haiders Mischung aus autoritärem Gehabe, Großmannssucht und Gier. Dem Oberösterreicher im braunen Kärntner Anzug ging es immer weniger um Ideologie, da war er stets zu Purzelbäumen bereit. Nur seine verharmlosenden Anspielungen der Nazi-Zeit kamen regelmäßig, was sicher etwas mit der Geschichte seiner Eltern zu tun hatte. Haiders im Jahr 1914 geborener Vater Robert war schon in jungen Jahren illegaler Nazi in Oberösterreich. Diese Generation fühlte sich in der Zweiten Republik politisch oft benachteiligt, an den Rand gedrängt. Und der junge FPÖ-Chef wollte die Stimmen der ehemaligen Nazis, indem er Mitglieder der Waffen-SS als „anständige Menschen mit Charakter" lobte und als Landeshauptmann von der „ordentlichen Beschäftigungspolitik im Dritten Reich" sprach, was ihn nur vorübergehend das Amt kostete. Im *ORF*-Sommergespräch im Jahr 1988 bezeichnete Haider die österreichische Nation als eine „ideologische Missgeburt". Hier sprach Haider aus, was auf den Buden der deutsch-nationalen Burschenschaften damals und heute gedacht und formuliert wird. Haider war selbst Burschenschafter, aber je mehr er die FPÖ zu einer „Bewegung" machen wollte, umso mehr brauchte er seine ideo-

seine ideologiefreie „Buberlpartie" mit politisch ungeschulten Leuten wie Walter Meischberger und nicht mehr die starren, von den Mensuren gezeichneten Köpfe. Das Bekenntnis zur deutschen Volksgemeinschaft wurde aus dem Programm gestrichen. In einem Interview mit dem Magazin *profil* erklärte Haider 2006, damals BZÖ-Chef, er habe es bis zu seinem Abgang als Parteivorsitzender der FPÖ im Jahr 2000 geschafft, aus der „alten Nazi-Burschenschafterpartei eine Mittelstandspartei zu machen und sie in die Regierung zu führen."

Österreich als „geschichtswidrige Nation"

Österreich ist da ein Sonderfall. In Deutschland gehen die Burschenschaften auf die bürgerlichen Freiheitsbewegungen des 19. Jahrhunderts zurück, damals gab es auch in Wien solche Verbindungen. Die FPÖ beruft sich gerne darauf, dass sozialdemokratische Persönlichkeiten wie Viktor Adler oder Engelbert Pernerstorfer Korpsstudenten waren. Aber nach dem Zweiten Weltkrieg, dem erfolgreichen Aufbau einer demokratischen Republik und dem Wachsen des Gefühls der österreichischen Nation sind schlagende Burschenschafter hier ein sonderbarer, im Übrigen zahlenmäßig auch winziger Fremdkörper. Gerade einmal 0,04 Prozent der Bevölkerung gehören dazu. Sie fühlen sich vielleicht als Teil des Staates Österreichs, aber gleichzeitig als Angehörige des deutschen Volkes. Die österreichische Nation ist für sie etwas Fremdes, eine „geschichtswidrige Fiktion". Sie wollen sich für „das deutsche Vaterland, unabhängig von bestehenden Grenzen" einsetzen, sowie für die „freie Entfaltung des Deutschtums und dabei alle Teile des deutschen Volkes berücksichtigen", wie es in der Gründungsfestschrift der Marko-Germania zu Pinkafeld heißt, der FPÖ-Chef Norbert Hofer angehört.

Hans-Henning Scharsach hat 2017 im Buch „Stille Machtergreifung – Hofer, Strache und die Burschenschaften" Geschichte und Hintergründe dieser kleinen Gruppe von Männern beschrieben, die unter Haider Einfluss verloren, unter Strache aber wieder die FPÖ zu dominieren begannen. Nach der Abspaltung von Haiders BZÖ lag die FPÖ in den Umfragen bei 3 bis 5 Prozent. Es war die Leistung von Strache, Kickl und einigen anderen, die Partei neu aufzubauen, freilich auf den ganz alten Grundsätzen. Ohne die Burschenschafter wäre das jedenfalls so schnell nicht möglich gewesen. Korporierte wie Martin Graf, Harald Stefan oder Arnold Schiefer hatten in den 1980er Jahren den Ring Freiheitlicher Studenten übernommen und noch mehr nach rechts geführt. Sie und ihre Freunde waren für Straches angeschlagene FPÖ überlebenswichtig. Spätestens als Strache die FPÖ in die Regierung führen wollte, hat er es aber versäumt, die personelle und intellektuelle Basis zu verbreitern. So war er beim Regierungseintritt auf die gut organisierten, aber ideologisch klar festgelegten Deutschnationalen angewiesen. Vor allem die freilich überdimensionierten Ministerkabinette wären ohne die Schlagenden nicht zu füllen gewesen. Auch ehemalige Mitarbeiter rechtsextremer Medien waren in den Ministerien willkommen. Und brachten bei der Medienarbeit ihre Ideologie und ihre Methoden mit.

Was im Umgang mit FPÖ-Politikern und anderen Mitarbeitern besonders auffällt, ist deren Unsicherheit. Die Geschichte des sogenannten „Dritten Lagers" in der Zweiten Republik ist durchaus bewegt. Wäre es nach den Gründern des Vorläufers der FPÖ, des Verbandes der Unabhängigen (VdU) gegangen, hätte diese politische Richtung einen sehr positiven Beitrag zur Entwicklung des Landes leisten können. Liberalismus war in Österreich nie besonders populär, der Deutschnationalismus wiederum naturgemäß oft extremistisch, weil er Österreich als eigene Nation stets ablehnte, und zwar bis heute.

Herbert Kraus (1911–2008) und Viktor Reimann (1915–1996) wollten diese Entwicklung nach dem Krieg unterbrechen. Beide waren sie in der Nazi-Zeit im Widerstand gewesen – Reimann hatte allerdings eine Zeit als illegaler Nazi hinter sich, Kraus hingegen war Zeit seines Lebens bekennender Katholik. Die beiden dachten, dass sie auf Grund ihrer persönlichen Geschichte in der Lage sein könnten, ehemalige Nationalsozialisten in eine demokratische Gesellschaft zu integrieren. Im Jahr 1945 waren frühere Parteimitglieder nicht wahlberechtigt, im Jahr 1949 durften rund 536.000 „minderbelastete" ehemalige Nationalsozialisten wählen. Der VdU wollte ihnen ein Angebot machen. Der Publizist Viktor Reimann beschreibt in seinem Buch „Die dritte Kraft in Österreich", wie sehr er und Kraus die zu Beginn von den Alliierten zugelassenen Parteien ÖVP, SPÖ und KPÖ ablehnten, weil „diese sich zu Richtern aufspielten, die zu bestimmen hatten, wer als Demokrat angesehen werden durfte." Der VdU sah sich aber keineswegs als deutschnational im staatlichen Sinne, bekannte sich aber zum „deutschen Volkstum". Vor allem aber wollten sie eine Gruppe von Liberalen sein, die sich gegen Staatswirtschaft, für Freihandel, die Eigenverantwortung des Einzelnen und vor allem auch für ein geeintes Europa aussprachen. Kraus war auch das „Bekenntnis zu den sittlichen Grundsätzen wahren Christentums" wichtig, wie es im Programm hieß.

Der Ur-Fehler der FPÖ – Ein Nazi als Gründer

Damit erreichte der VdU im Jahr 1949 rund 12 Prozent und schlug sich auch bei den Nationalratswahlen 1953 wacker. Aber die Nationalen wollten mehr Einfluss, vor allem in der Person von Anton Reinthaller, einem frühen illegalen Nazi, der im „Anschlusskabinett" von Arthur Seyß-Inquart im März 1938 Landwirtschaftsminister war und später den Ehrenrang eines SS-Brigadeführers erhielt. Herbert Kraus über Reinthaller: „Er hatte nichts anderes vor Augen als die große Menge hart geprüfter ehemaliger Nationalsozialisten. Er wollte diese Menschen nicht nur aus ihrer materiellen Schlechterstellung, sondern auch aus ihrer politischen Isolierung führen. Diese Aufgabe konnte ich nie erfüllen, weil ich eben kein Nationalsozialist war." Den Vorgang, der zur Auflösung des VdU und zur Gründung der FPÖ führt, beschrieb Kraus so: „Eine lange vorbereite Machtübernahme von einem kleinen Kreis von Rechtsextremisten und NS-Führern."

Parteiobmann Friedrich Peter (1921–2005), ein Lehrer, der die FPÖ nach Reinthaller bis 1978 führte, suchte die Anerkennung der anderen Parteien, Bruno Kreisky spielte mit ihm und gewährte ihm für die Anerkennung seiner Minderheitsregierung im Jahr 1970 ein für die FPÖ günstigeres Wahlrecht. Bereits zuvor hatte die ÖVP eine Koalition mit der FPÖ in Erwägung gezogen. Aber es waren immer wieder Nazi-Skandale, die zeigten, dass sich die FPÖ nicht von ihrer Vergangenheit lösen konnte. Das bleibt der Geburtsfehler in der Person von Anton Reinthaller, der eine liberale Ausrichtung des „Dritten Lagers" zerstört hatte.

Bei Friedrich Peter wurde die Mitgliedschaft in einer ehemaligen SS-Mörderbrigade entdeckt, in der er gedient hatte, eine Vergangenheit, über die alle entsetzt waren. Nur Bruno Kreisky verteidigte ihn gegen die genauen Recherchen des „Nazijägers" Simon Wiesenthal. Die Beförderung zum 3. Präsidenten des Nationalrats im Jahr 1983 wurde Friedrich Peter wegen seiner Vergangenheit aber versagt.

Die Nazi-Vergangenheit der FPÖ reicht in die Gegenwart

Jörg Haider spielte stets mit ungustiösen Nazi-Anspielungen und Heinz-Christian Strache wurde im rechtsextremen, neonazistischen Umfeld politisch sozialisiert. Schließlich sollte mit dem dritten Eintritt der FPÖ in eine Bundesregierung nach 1983 unter Bundeskanzler Fred Sinowatz (SPÖ) und 2000 unter Bundeskanzler Wolfgang Schüssel (ÖVP) eine Historikerkommission endlich die Geschichte der FPÖ aufarbeiten. Ein Ergebnis wurde mehrfach versprochen und soll nach mehreren Verschiebungen im August 2019 vorliegen.

Dabei sind die Erkenntnisse gar nicht so schwer zu finden. Die Burschenschaften sind sicher ein Schlüssel für Vergangenheit und Zukunft der FPÖ. In den Archiven dieser deutschnationalen, oft rechtsextremen Organisationen würden sich völkische Überhöhung und tiefer Antisemitismus finden. Der Mythos, man orientiere sich an der bürgerlichen Revolution von 1848, stimmt nur äußerlich beim bunten Wichs, der farbigen studentischen Bekleidung für festliche Anlässe. In Österreich gehen die Überzeugungen der Deutschnationalen auch auf die Enttäuschung über die Niederlage gegen Preußen im Jahr 1866 in Königgrätz zurück, weil dann ein gemeinsamer Staat nicht mehr möglich war, und auf die Großdeutsche Volkspartei des Jahres 1920. Zu dieser gehörten übertrieben demonstriertes Deutschtum und offen gezeigter Antisemitismus.

Die FPÖ ist dadurch entstanden, dass der Versuch der Etablierung einer liberalen Partei durch einen Überfall von Alt-Nazis beendet wurde. Das ist und bleibt ihr Gründungsmakel. Damit müsste sie sich beschäftigen, und mit der Verherrlichung des „Deutschtums", das auf den Buden der Burschenschafter betrieben wird. Wenn sie davon nicht loskommt, wird sie immer wieder in die Nähe des Rechtsextremismus kommen und de facto als stabile Regierungspartei ausfallen. Das hat inzwischen zumindest ein – wahrscheinlich wachsender – Teil der ÖVP begriffen.

Sebastian Kurz hat sich weder mit den historischen Wurzeln der FPÖ noch mit dem Innenleben der Burschenschaften beschäftigt – oder das alles einfach ignoriert. Sonst wäre ihm klar gewesen, dass er nicht eine Partei in seine Regierung holt, sondern den politischen Arm einer im Grunde noch immer deutschnationalen Bewegung mit antisemitischem Hintergrund und autoritären Vorstellungen.

Da ist es zwar gut, dass die ÖVP Sensibilität im Umgang mit Juden in Österreich und dem Staat Israel zeigt. Es ist auch positiv hervorzuheben, dass Kurz bei seinem Besuch in Israel im Juni 2018 die österreichische Verantwortung für Israel nach deutschem Vorbild als „Staatsräson" bezeichnet hat. Aber gerade, wer diese Worte wählt, kann nicht mit einer Partei zusammenarbeiten, in der entweder offener Antisemitismus gelebt wird oder die üblichen antisemitischen Codes zum Sprachgebrauch gehören.

5. Der Wahlkampf 2017 – ein Durchmarsch für Kurz

Wann hat der Wahlkampf für die Nationalratswahl vom 15. Oktober 2017 eigentlich begonnen? Wahrscheinlich am 1. Mai 2016. Dass das Hochamt der österreichischen Sozialdemokratie nicht so feierlich wie gewohnt verlaufen würde, war der SPÖ-Führung um Bundeskanzler Werner Faymann vorher schon bewusst. Wie brutal manche Genossen den Mann, der immerhin 2008 und 2013 seine Partei auf Platz 1 geführt hatte, beschimpfen würden, war dann für alle überraschend, nicht zuletzt für den düpierten SPÖ-Chef. Klar, die SPÖ hatte Landtagswahlen verloren und ihr Kandidat Rudolf Hundstorfer hatte im ersten Durchgang der Präsidentschaftswahl am 24. April 2016 nur spärliche 11,28 Prozent erreicht. Aber die Intensität, mit der Faymann während seiner ganzen Rede, die er von der traditionellen Tribüne auf dem Wiener Rathausplatz hielt, ausgepfiffen wurde, war nicht nur für den damals knapp 56-Jährigen überraschend. Neugierige Journalisten wie auch meine Person beobachteten von der Seite des Platzes aus die Szene. Dort stand auch der frühere Bundeskanzler Franz Vranitzky, schockiert und fassungslos. Und noch jemand spazierte durch die Menge, scheinbar teilnahmslos, aber doch sehr, sehr aufmerksam: Christian Kern, der ÖBB-Chef. Oder war es schon jener Christian Kern, der von manchen Medien bereits als nächster Kanzler und SPÖ-Chef präsentiert worden war? Interessant: Nach der Kundgebung sah man Kern im Café Landtmann wie zufällig im Gespräch mit dem SPÖ-Abgeordneten Josef Muchitsch, Chef der Gewerkschaft Bau-Holz und einer der kommenden Königsmacher.

Am 9. Mai 2016 trat Faymann zurück, am 12. Mai wählte der SPÖ-Vorstand Christian Kern zu seinem Nachfolger. Auf die Frage, warum Kern das Rennen machte und nicht der durchaus interessierte internationale Medienmanager, der frühere Kanzlersekretär und ORF-Generalintendant Gerhard Zeiler, sagten mir mehrere SPÖ-Granden unisono: Kern kannten wir persönlich, ihn schätzten wir auch, Zeiler kannten wir nur aus den Medien, er war zu lange im Ausland.

Kern und Kurz – diese Kombination hatten Zeitungen zuvor immer wieder als Dream-Team der österreichischen Politik beschrieben. Beide hätten politischen Hintergrund, könnten mit Medien umgehen und würden sich ganz gut verstehen, hieß es. Zum Beweis dieser These wurden Fotos gezeigt, die die beiden bei öffentlichen Veranstaltungen im vertrauten Gespräch zeigten. Welch ein Irrtum. Denn beide sahen sich selbst nur in einer Position: als Nummer 1.

Kern hatte diese ohne klassische Ochsentour nun erreicht, Kurz hatte sein Leben seit seinem 16. Lebensjahr in der Politik verbracht und wollte so bald wie möglich ins Kanzleramt und sonst nichts. Ein Vertrauter des Außenministers erklärte mir damals, dass dieser niemals als Vizekanzler in eine Regierung gehen würde. Kanzler oder Karriere in der Wirtschaft, das wurde damals als interne Parole ausgegeben. Nach seiner Abwahl 2019 lehnte er sogar die Annahme eines Nationalratsmandats ab. „Aut Caesar – aut nihil" passe besser zu einem Renaissancefürsten wie Cesare Borgia, schrieb ich dazu in einem Leitartikel.

Medien brauchen Helden, gerade der österreichische Boulevard, aber dieser braucht auch gestürzte Helden. Dafür eigneten sich in diesem Frühjahr 2016 weder Kern noch Kurz. Aber das Team des Außenministers fürchtete, nur relativ wenig Zeit zu haben. Wenn Kern seine anfängliche Beliebtheit nützen und im Frühjahr 2017 Wahlen anzetteln würde, hätte Kurz keine Chance, so die Einschätzung der Berater von Kurz. Also gab es für seine Leute nur ein Ziel: Die SPÖ dürfe mit ihrem neuen Vorsitzenden keinen Erfolg bekommen.

Politik in „Bewegung" – damals Haider, jetzt Kurz

Das war der Start für die „Strategie neu mit Sebastian Kurz" und das „Projekt Ballhausplatz". Es musste schnell eine „neue ÖVP" her, in strenger Abgrenzung zu dem Klub aus Honoratioren, Landeshauptleuten und Kammerfunktionären, die alle ihre eigenen Interessen vertraten und traditionell auf die Bundes-ÖVP keine Rücksicht nahmen. Ungefähr so sah Kurz die Partei, in der er groß geworden war. Und er war auch in einer ÖVP aufgewachsen, in der die SPÖ immer öfter als Verhinderer wahrgenommen wurde. Zum Unterschied zu Funktionären, die im Umfeld der Sozialpartnerschaft Karriere gemacht und zumindest ein pragmatisches Verhältnis zu den Sozialdemokraten hatten, waren sie für Kurz die größeren politischen Gegner als die FPÖ.

Die *Kronen Zeitung* zitierte ein Papier, das mit dem 21. Juli 2016 datiert war, also nur rund zwei Monate nach dem Amtsantritt von Christian Kern, bei dem ÖVP-Chef Reinhold Mitterlehner noch Hermann Hesse zitiert hatte. In dem Papier ist schon von einer neuen ÖVP-Bewegung die Rede, die in ihrer strategischen Grundlage und Positionierung natürlich fern der alten schwarzen Partei sein sollte. Da kommt das Wort von der „Systemverdrossenheit" vor, das an Jörg Haider erinnert. Für den früheren FPÖ-Chef war damals, wie jetzt für Kurz, das „rot-schwarze System" Ursache für die Abwendung von Wählern. Dass Kurz gerade in dieser Konstellation eines der wichtigsten Ämter innehatte, das des Außenministers, hinderte ihn nicht, gegen dieses „System" aufzutreten.

Die große Koalition habe „keine Lösungen mehr für die großen Fragen", hieß es auch in dem Papier. Das hätte das Regierungsmitglied Kurz auch einmal laut sagen können, aber das passte nicht in das Konzept, vor allem die eigene ÖVP als unfähig darzustellen. Das wäre öffentlich undenkbar gewesen. Klar war in der Strategieunterlage auch bereits, dass der Wahlkampf nur auf eine Person zugeschnitten sein würde: Sebastian Kurz. Und jedenfalls seine Vertrauten wussten im Sommer 2016 schon, dass keine und keiner der ÖVP-Bundesminister das politisch überleben würde. Innenminister Sobotka schaffte es dann doch, denn er wurde für die Rolle des Störenfrieds gebraucht, die der Niederösterreicher mit viel Energie übernahm – ob aus Überzeugung oder aus Parteidisziplin. Und schließlich war bereits die Rolle von Quereinsteigern festgelegt. Gesucht wurden Frauen und Männer, die zwar bekannt sein sollten, politisch aber unerfahren, also gut zu präsentieren sein würden. Vor allem aber sollten sie, und sei es nur aus Dankbarkeit, niemals widersprechen.

Aus dem Büro Kurz hieß es später, er habe mit diesen Plänen nie etwas zu tun gehabt. Das aber wäre auch nicht unbedingt beruhigend, würde es doch heißen, dass Außenstehende großen Einfluss auf ihn haben müssen, denn vieles wurde im Detail genauso umgesetzt wie im Sommer 2016 aufgeschrieben.

Die Brutalität von „Parteifreunden"

Aber bevor Sebastian Kurz ÖVP-Chef werden konnte, musste sein Vorgänger abgesetzt werden. Bei der Volkspartei gehen Obmannwechsel in der Regel ohne Nostalgie oder gar Empathie über die Runde. Wer keinen Erfolg verspricht, muss gehen. Reinhold Mitterlehner war seit Sommer 2014 als Nachfolger von Michael Spindelegger im Amt. Mitterlehners Kritiker sagen, sein internes unfreundliches Vorgehen gegen den Niederösterreicher habe damals zum abrupten Abschied Spindeleggers beigetragen. Diese Kritik wurde insbesondere laut, als er in seinem Buch „Haltung" Kritik an seiner Ablöse im Frühjahr 2019 und natürlich an Kurz formulierte.

In der ÖVP hatte jeder Chef stets viele Parteifreunde, dafür aber nur wenige Freunde. Wie langfristig und strategisch gut vorbereitet Kurz jedoch gegen Mitterlehner vorging, ist schon einmalig. Dabei hätte der Außenminister nur auf die schlechten Umfragewerte der ÖVP aufmerksam machen müssen, die eine Zeit lang in den Umfragen nur bei 20 Prozent lag. Aber Kurz wollte eben erst knapp vor der nächsten Wahl übernehmen, um nicht vom mühsamen Regierungsgeschäft beschädigt zu werden. In seinem Buch beschreibt Mitterlehner ein Gespräch mit Kurz im Mai 2016: Dabei habe der junge Konkurrent bestätigt, dass es „sein Ziel sei, die Koalition zu sprengen. Die Rolle des Sprengmeisters soll ich übernehmen, weil ich eine gewisse Glaubwürdigkeit hätte. Es könne nicht so weiter gehen und es bräuchte eine Neuformierung der Kräfte". Mitterlehner beschreibt weiter, wie Kurz intern die Machtübernahme vorbereitete, mit Umfragen und Konzepten, etwa als „höflicherer Strache". Im Interview mit dem *KURIER* fragte ich ihn nach dem Erscheinen seines Buches, warum er es zugelassen habe, dass Kurz und auch Wolfgang Sobotka bereits die Zeit nach ihm planten, er war doch noch der Chef. Mitterlehner: „Hätte ich Sobotka aus der Regierung geworfen, hätte ich mich möglicherweise durchgesetzt, aber dann wäre die Partei gespalten gewesen. Ich wollte die Einheit der Partei nicht gefährden."

Sebastian Kurz war lange genug in der ÖVP, um nicht einfach der nächste Chef, also vielleicht bald das nächste Opfer zu sein. Er verfügte über so gute Umfragen, die er regelmäßig erheben und den Mächtigen in der Partei zukommen ließ, dass er Bedingungen für sein Antreten stellen konnte, und dies tat er auch gar nicht schüchtern. Dazu gehörte vor allem eine weitgehende Vollmacht in Personalfragen, wie sie noch kein ÖVP-Chef vor ihm hatte. Bisher undenkbar: Er wollte sogar bei den Listen der Länder mitreden und mitbestimmen. „Die ÖVP gibt Sebastian Kurz die ganze Macht" schrieb *Die Presse* am 14. Mai 2017. Das war sein großer Erfolg, und das kann einmal sein Stolperstein werden, weil er ab diesem Zeitpunkt keinerlei Korrektiv mehr in der Partei hatte.

Wer solche Erwartungshaltungen hat, wird sich nicht mit Details aufhalten, etwa, dass Mitarbeiter des Außenministeriums an dem Strategiepapier mitgearbeitet haben, das den Weg von Sebastian Kurz an die Spitze der ÖVP bereiten sollte. Der *Falter* berichtete im September 2017 darüber. Dokumente, die auf Computern geschrieben und immer wieder überarbeitet werden, haben eine digitale Geschichte. Anhand dieser ließe sich nachweisen, schrieb der *Falter*, dass etwa Stefan Steiner, damals Sektionschef im Kurz-Ministerium, mitgeschrieben habe. Das ist schon deshalb glaubwürdig, weil es ohne das strategische Geschick Steiners wahrscheinlich keinen Bundeskanzler Kurz gegeben hätte. Kurz sprach oft nach, was Steiner gedacht hatte. Die Ausrede des Kurz-Sprechers Gerald Fleischmann klang deshalb auch wenig glaubwürdig: „Es gibt erhebliche Zweifel an der Echtheit der Papiere, zumal es sich um offene Dokumente handelt, die seit mehreren Wochen von der FPÖ breit verschickt werden und bearbeitet sein könnten." Könnten also, interessant. Außerdem würden immer wieder Vorschläge von außen an Kurz herangetragen werden.

Später wurde die Echtheit der Papiere freilich von der Umgebung von Kurz bestätigt. Und zum Vorwurf, dass Beamte für die ÖVP-Planung eingesetzt wurden, sagte Fleischmann nur so viel: „Grundsätzlich haben wir All-in-Verträge." Also jeder muss tun, was ihm gesagt wird, egal für wen. Der Einsatz von Mitarbeitern der Ministerien für Zwecke der Parteien ist verboten, wie der Experte Hubert Sickinger nicht müde wird zu erklären.

Wahlkampfspenden – sehr willkommen

Ein Thema holte Sebastian Kurz in regelmäßigen Abständen, und besonders zu Beginn des Wahlkampfes im Juni 2019 ein: die Finanzierung seiner Bewegung damals und heute. Man muss bei Google nur „13 Millionen" eingeben, und schon kommen unendlich viele Meldungen über diese Summe und deren Empfängerin, die ÖVP, die über soviel Geld verfügte. Denn die Türkisen hatten die gesetzlich erlaubte Obergrenze von 7 Millionen um fast genau diesen Betrag überzogen, also rund 13 Millionen Euro ausgegeben. Die FPÖ hatte offiziell 10,7 Millionen zur Verfügung, also rund 3,7 Millionen zu viel, die SPÖ lag um rund 300.000 Euro darüber. Dafür gibt es Strafen, die gering sind und für die die Parteien wieder Spender finden werden.

Dabei ist das Gesetz aus dem Jahr 2012 ohnehin löchrig. Denn es gibt einen Stichtag, ab dem die Ausgaben gezählt werden, was davor überwiesen wurde, muss dem Rechnungshof nicht gemeldet werden. Noch verwirrender wurde es, als bekannt wurde, dass die ÖVP im Jahr 2017 für den Wahlkampf einen Kredit von 15 Millionen Euro aufgenommen hatte. So wird die Kontrolle der Spenden völlig unmöglich, außer der Rechnungshof könnte alle Einnahmen und alle Ausgaben überprüfen.

Bis heute ist unklar, wer den enorm teuren und ungesetzlich hohen Wahlkampf in der Höhe von rund 13 Millionen Euro finanziert hat. Die diesbezüglichen Gesetze führen nämlich nur zu geringer Transparenz, die Strafen für das Überziehen der vorgeschriebenen Ausgaben sind geradezu lächerlich. Ein führender Industrieller meinte nach der Wahl freilich im privaten Gespräch: „Wir erwarten uns jetzt aber schon Einiges von der neuen Regierung". Nun gab es schon länger das Gerücht, dass der Tiroler Bauunternehmer Klaus Ortner, dem unter anderem rund 40 Prozent des Bauriesen PORR gehören, der größte Spender der türkisen ÖVP sei. Offiziell galt KTM-Eigentümer Stefan Pierer als „Big Spender" Nummer 1, er hatte für den Wahlkampf 2017 exakt 436.653 Euro überwiesen. Im KURIER vom 20. Juni 2019 schrieb Andrea Hodoschek nach einem Gespräch mit Ortner, dass dieser in den Jahren 2017, 2018 und 2019 wohl rund eine Million bezahlt habe, und zwar direkt an die ÖVP. Auf der Homepage der ÖVP sind aber nur 30.000

Euro aufgelistet, und zwar von Ortners Holding IGO Indust-
ries. Und wo ist der Rest verbucht? Es wurde gestückelt gezahlt
und zu verschiedenen Zeitpunkten, hieß es. Ein Schelm, wer
Böses dabei denkt.

Wenn die Parteien es mit Transparenz ernst meinen, müssen sie künftig jede Einnahme und jede Ausgabe, egal zu welchem Zeitpunkt, dem Rechnungshof melden. Denn sie können
ja ganz einfach vor der Wahl einen Kredit aufnehmen, der nach
der Wahl mit den später eingelangten Spenden bedient wird. So
können Abhängigkeiten, die durch hohe Geldflüsse natürlich
entstehen, verschleiert werden. Das "Ibiza-Video" ist Erkennt-
nisgewinn und Warnung gleichzeitig. Denn seither wissen wir,
dass jedenfalls die FPÖ sich Zahlungen über dubiose Vereine
erwartet hat. Solche Vereine gibt und gab es auch im Umfeld
von ÖVP und SPÖ. Die Politik wird insgesamt nur dann wieder
Glaubwürdigkeit erhalten, wenn alle Geldflüsse transparent
sind. Das sollte doch auch im Interesse dieser Großspender liegen. Da muss auch der Vorwurf an die SPÖ ernst genommen
werden, die Zahlungen, die über Vereine hereinkommen, offen
zu legen. Allerdings: Die Parteien sind bei uns nicht lernfähig.
Das Gesetz, das von SPÖ, FPÖ und Liste Jetzt beschlossen wurde, setzt zwar bei den Einnahmen eine Höchstgrenze, bleibt
aber sehr löchrig und intransparent. Die *Kleine Zeitung* schrieb:
„Das Gesetz verhindert Ibiza nicht, sondern legalisiert es."

Kurz, der Chef einer Neos-ÖVP?

Als Sebastian Kurz daran arbeitete, aus der ÖVP eine nur auf
seine Person zugeschnittene Bewegung zu machen, wollte er die neue liberale Gruppe Neos rund um deren Gründer
Matthias Strolz auch einbinden. Strolz ist 13 Jahre älter als
Kurz, er war parlamentarischer Mitarbeiter des früheren Vor-
arlberger ÖVP-Abgeordneten und Klubobmanns Karlheinz

Kopf, heute ist Kopf Generalsekretär der Wirtschaftskammer Österreich. Als Trainer in der politischen Akademie der ÖVP hat Strolz den jungen Kurz auch in Rhetorik unterrichtet. Und seine Neos waren als bürgerlich-liberales Angebot an ÖVP-Wähler gedacht, denen die Volkspartei zu populistisch geworden und zu sehr nach rechts abgedriftet war.

Also lag es aus der Sicht des ÖVP-Obmannes aus mehreren Gründen auf der Hand, Strolz und die Neos einzubinden, wenn er wirklich eine „Bewegung" gründen wollte.

Auf den Tag genau ein Jahr bevor sich Sebastian Kurz von der ÖVP in einer dramatischen Sitzung am 14. Mai 2017 alle Vollmachten zusagen lassen wird, trifft sich eine kleine Runde in einer privaten Wohnung in Wien zu einem ersten Austausch. Insider, die die Gespräche kannten, haben mir davon berichtet. Das, was dort besprochen werden sollte, war wenige Tage davor – ebenfalls privat bei Pizza, Salzstangerl und Bier – erstmals offen skizziert worden: Die Gründung einer neuen Wahlbewegung in Österreich nach Vorbild von Europas neuem politischen Superstar, Emmanuel Macron. Zumindest dachte das die eine Hälfte der Gesprächspartner mit Matthias Strolz.

Die andere Hälfte mit Kurz an der Spitze war an diesem Samstagvormittag schon deutlich weiter. Für sie war das unverhohlene Vorgehen des stellvertretenden Parteichefs gegen seinen eigenen Obmann und Vizekanzler Mitterlehner nur der Anfang. Die Entschlossenheit dieser Gruppe um Kurz zeigte: Hier hatte sich jemand seit Langem etwas sehr gut überlegt, und nun war die Zeit gekommen, die ersten Netze auszuwerfen, um mögliche Gefahrenquellen aus dem Weg zu räumen. Und so klein die Neos zu diesem Zeitpunkt auch waren – beim Kampf um Platz 1 könnten auch ihre 5 Prozent den Ausschlag über Triumph oder Niederlage darstellen.

Inhalte waren bei diesem Treffen und den weiteren unter Anwesenheit des Außenministers Kurz kein wirkliches Thema –

sie wurden an den verlässlichen Sherpa Stefan Steiner ausge-
lagert. Gemeinsame Positionen haben in den Szenarien der
neuen ÖVP ohnehin nie eine wirkliche Rolle gespielt, wie sich
später zeigen wird.

Stattdessen geht es schon beim ersten Treffen für Kurz um
Macht und Marketing. Es müsse etwas ganz Neues her, ließ er
wissen und hatte auch schon einen Namen: „Liste Kurz". Sofort
schickte er nach, „natürlich ohne ÖVP, denn alles andere wäre
inkonsequent." Auch der Plan „Hotshots", also Prominente auf
die Liste zu nehmen, wurde rasch angesprochen – ein Drittel
der Namen aus den Reihen der alten ÖVP müssten jedenfalls
neu sein.

Statt vielfältige Inhalte mühsam zu verhandeln nannte
Kurz ein Grundmotiv: „Das patriotische Österreich." Als The-
menfelder meldet er Sicherheit und Migration an – Bildung
und Wirtschaft könne man gerne an die Neos abgeben.

Ebenfalls auf dem Tisch: Rechenmodelle für Listenplät-
ze, wenn man einer Plattform beitrete, und Umfragen, die die
„Attraktivität" des Angebots untermauern sollten – zur Not mit
den Mitteln Angst und Nachdruck. Das werde ein Dreikampf
Kurz/Kern/Strache, sah der Außenminister ein Jahr vor Bruch
der Koalition mit der SPÖ voraus. Da könnten kleine Parteien
zerrieben werden, seine Warnung an die Neos. An der Umsetz-
barkeit lässt Kurz keinen Zweifel – die Länder habe er hinter
sich, sie würden ihre Landeslisten natürlich weiter kontrollieren wollen, auf der Bundesliste werde er aber freie Hand haben. Das „Nicht-Anpatzen" war hingegen noch nicht so ganz
verankert – zur Sprache kommen auch Christian Kern, sein
persönliches Umfeld , seine Mitarbeiter und die angeblich hor-
renden Ausgaben für Stabsstellen in den ÖBB.

Das „Modell Macron" hätte bedeutet, dass Kurz die eigene
Partei und das Ministeramt hätte verlassen müssen, um dann
die neue Bewegung zu gründen. Diese Idee wurde scheibchen-
weise zu Grabe getragen. Vor allem hat Kurz gestört, dass die

ÖVP ohne ihn noch immer 15 Prozent bekommen würde. Die Bildung einer Regieurng könnte auch bei einem Erfolg der Bewegung schwierig werden, lauteten die Bedenken in der Umgebung von Kurz.

Wenige Wochen später, Anfang Juni, wird sich Sebastian Kurz ganz von der Idee einer „En Marche"-Bewegung in Österreich verabschieden und damit den Gesprächen mit den Neos, die sich noch bis in den Herbst 2016 ziehen werden, den wohl entscheidenden Knacks verpassen – ein Riss, der sich in den kommenden Monaten immer mehr vertiefen wird. Eine Depandance einer neuen Volkspartei unter dem Namen Liste Kurz, das wollten Strolz und Co. wirklich nicht. Was es heißt, wenn der Machtpolitiker Kurz nicht bekommt, was er will, war dann Anfang 2017 zu beobachten. Nachdem klar war, dass Irmgard Griss ihre Allianz lieber mit den Neos als mit der ÖVP bilden würde, arbeitete die ÖVP schnell und gründlich an der Geschichte „nicht Griss habe Kurz, sondern die ÖVP habe Griss abgelehnt" – ein Spin muss nicht richtig sein, sondern gut vorgetragen werden. Und ein Leben ohne Spin kann sich Kurz sowieso nicht vorstellen.

Als klar war, dass es zu keiner Allianz mit den Neos kommt, versuchte die ÖVP, Funktionäre abzuwerben, andere namhafte Vertreter wollte man mit möglichen Ministerämtern locken. Reden von Matthias Strolz wurden professionell zerlegt und für ihn typische Begriffe in die ÖVP-Redeunterlagen eingearbeitet. Der Begriff „enkelfit" wurde Josef Moser in den Mund gelegt. Und was wurde aus den mit viel Mühe und Zeit ausgearbeiteten inhaltlichen Positionen der angeblich gemeinsam angestrebten Plattform? Das Papier hätte ein interessantes Regierungsprogramm für Österreich werden können. Da gab es Punkte wie die Kürzung der Parteienförderung, die Vollautonomie der Schulen, die Öffnung der Ehe für gleichgeschlechtliche Paare oder die Abschaffung der Pflichtmitgliedschaft in den Kammern. Es gibt Insider, die meinen, Kurz hätte das vielleicht zugesagt, ohne an die Umsetzung zu denken.

Der disziplinierte Kurz – immer Dasselbe sagen

Im Wahlkampf geht es nicht so sehr darum, die Köpfe der Menschen zu erreichen, sondern deren Herzen. Im menschlichen Gehirn gibt es das limbische System, es geht zurück auf das ursprüngliche Reptiliengehirn. Dort sind Emotionen und Bilder gespeichert, dort werden unsere Gefühle am besten auch mit geschickt ausgewählten Sprachbildern angesprochen. Die Berater von Sebastian Kurz haben ganze Arbeit geleistet. Egal, ob in den Wahlkampfreden, bei Betriebsbesuchen oder in den TV-Diskussionen: Kurz schaffte es, in nur wenigen Bildern sprechend immer Dasselbe zu sagen.

Die Balkanroute

„Ich habe die Balkanroute geschlossen." Das war wohl der Satz, den wir von Sebastian Kurz am häufigsten gehört haben, manchmal hieß es auch „Westbalkanroute".

Die Fakten: Die sogenannte Balkanroute war im Sommer 2015 die Hauptstrecke für Flüchtlinge auf dem Weg nach Europa. Migranten, die von der Türkei nach Griechenland gekommen waren, reisten dabei weiter nach Mazedonien. Von dort ging es nach Serbien, Kroatien, Slowenien und Österreich – und für viele weiter nach Deutschland. Auch Ungarn war bis zum Bau eines Grenzzauns im Herbst 2015 ein wichtiges Transitland.

Als Ungarn im August 2015 anfing, einen Grenzzaun Richtung Serbien zu errichten, zeigte Kurz Verständnis für die Maßnahme. Wenn es in der EU keinen ganzheitlichen Ansatz in der Flüchtlingsfrage gebe, „dann sind Staaten ja gezwungen,

Einzelmaßnahmen zu setzen", sagte Kurz Ende August 2015. Am 9. Februar 2016 war Außenminister Kurz dann für politische Gespräche am Westbalkan. In Belgrad sagte er: „Wenn die Flüchtlinge sehen, dass es kein Durchkommen nach Europa gibt, werden die Ströme weniger werden."

Am 24. Februar 2016 fand in Wien eine Westbalkankonferenz statt, wo die Schließung der vielzitierten Route beschlossen wurde. Es folgten chaotische Szenen in Griechenland an der Grenze zu Mazedonien, wo tausende Flüchtlinge warteten. Knapp einen Monat später, am 18. März 2016, wurde ein Deal zwischen der EU und der Türkei abgeschlossen, dann erst sank die Zahl der ankommenden Flüchtlinge deutlich.

Laut Gerald Knaus, Vorsitzender der Europäischen Stabilitätsinitiative (ESI), war die Schließung der Balkanroute eine ungarische Idee. Im *KURIER* erklärte er: „Die Idee, Flüchtlinge auf dem Balkan durch Zäune zu stoppen, hatte Viktor Orbán bereits im Herbst 2015. Den Plan, Flüchtlinge daran zu hindern, Griechenland, ein Schengen-Mitgliedsland, zu verlassen und dafür ein nicht EU-Mitgliedsland – Mazedonien – zu gewinnen, machte Orbán im Januar 2016 öffentlich."

Knaus kritisierte aber die Idee, die Balkanroute an der griechischen Nordgrenze zu schließen: „Erstens handelte es sich um eine zutiefst unsolidarische Initiative, gerichtet gegen ein anderes Schengenland. Zweitens aber konnte diese Schließung ohne Hilfe Athens nicht lange funktionieren, die mazedonische Grenzpolizei wäre sofort überrannt worden. Drittens handelte es sich eben nicht um einen Plan, die EU-Außengrenze zu sichern, denn diese befindet sich in der Ägäis." Knaus: „Der Einbruch bei den Flüchtlingszahlen kam erst durch den Deal mit der Türkei, der zeitgleich passierte". Also liegt die Wahrheit wie so oft in der Mitte, aber propagandistisch gehörte die Idee Sebastian Kurz. Und er verstärkte sie gerne durch Sätze wie: „Es wird nicht ohne hässliche Bilder gehen." Anderen wäre so eine Formulierung auf den Kopf gefallen, er hat davon profitiert.

Wien und die vielen Ausländer

Kurz auf seiner Facebook-Seite: „Ich habe in Wien mit vielen Menschen gesprochen, die mir sagen, dass sie überlegen, ob sie nicht umziehen sollten, weil sie sich mittlerweile in ihrer Gasse etwas fremd fühlen." Wien als einen Ort darstellen, wo „die Menschen in Abhängigkeit gehalten werden" oder – wie es in einer *ORF*-Pressestunde hieß – „immer weniger Menschen früh aufstehen" – das zog sich durch den Wahlkampf 2017 und die Regierungszeit. Wien bekommt regelmäßig Auszeichnungen als besonders lebenswerte Stadt, für Kurz ist Wien aber das sozialistische Bollwerk, das sich gegen ihn stellt. Zur Erinnerung: In den 1970er Jahren, einer Zeit, als die SPÖ in Wien noch deutlich stärker war als heute, hat Erhard Busek mit seinen „bunten Vögeln" sehr gute Wahlresultate erreicht, weil er Wien nicht schlechtgeredet hat, sondern Angebote inhaltlicher und personeller Natur für das Bürgertum präsentiert hat.

Die Menschen „entlasten"

„Das Erste, was wir machen werden, ist die Reduktion der Steuerlast für Bezieher kleine rund mittlerer Einkommen." Dieser Satz tauchte in jeder TV-Diskussion auf, oft auch, um das Thema Großspender wegzubekommen. Regelmäßig kündigte Kurz die Senkung der Steuer- und Abgabenquote von 43 auf mindestens 40 Prozent an, und regelmäßig ergänzte er, dass die jährliche Entlastung 12 bis 14 Milliarden Euro betragen werde. Dazu wurde die Abschaffung der kalten Progression versprochen.

Die Fakten: Im Jahr 2018 ist die Abgabenquote trotz eines Rückgangs des Schuldenstandes und bei einem leichten Überschuss von 41,9 auf 42,2 Prozent, bezogen auf das Bruttoinlandsprodukt, leicht gestiegen. Die kalte Progression wurde nicht abgeschafft, die Steuerreform zwar vorgestellt, aber noch nicht beschlossen. Sie sollte erst 2021 in Kraft treten, nur der Eingangssteuersatz sollte gesenkt werden. Das Volumen wird auch nicht 12 Milliarden, sondern nur rund 6,5 Milliarden Euro betragen. Ab 2020 tritt eine Entlastung bei den Krankenversicherungsbeiträgen in Kraft, wovon kleine Einkommen profitieren werden. Immerhin: Der Familienbonus trat im Jänner 2019 in Kraft.

Streit gab es dann noch um die Reduktion der Körperschaftssteuer (KöSt), die der Wirtschaft im Regierungsprogramm versprochen wurde. Im April 2019 sollte diese plötzlich nur bis zu einer Gewinngrenze von 100.000 Euro kommen, im Sinne von Klein- und Mittelbetrieben, soweit sie der KöSt unterliegen.

Da meldete sich im letzten Moment Christoph Neumayer, der Generalsekretär der Industriellenvereinigung (IV), im *KURIER* zu Wort: „Wenn sich das bestätigt und nicht in letzter Minute geändert wird, halte ich das für einen schweren Fehler. Das wäre ja eine Mini-Entlastung und in Wahrheit eine standortpolitische Nullnummer." Der Industrie-General weiter: „Wer Investoren im Land haben will, muss auch die richtigen Steuer-Signale setzen. In der EU beträgt der KöSt-Durchschnitt 21,9 Prozent, wir sind noch immer bei 25 Prozent. Versprochen war eine signifikante Senkung Richtung 20 Prozent. Kommt das nicht, würden wir Vertrauen und Goodwill verspielen." Die Industrie setzte sich teilweise durch. Die KöSt soll 2022 von 25 auf 23 Prozent und dann auf 21 Prozent sinken.

Sparen im System...

„... damit mehr bei den Menschen ankommt." Die Finanzierung der Steuerreform, hatten wir im Wahlkampf immer gehört, würde jedenfalls teilweise durch „Sparen im System" erfolgen. Neben der Balkanroute wurde kein Terminus so oft strapaziert.

82

Faktum ist: Keine Regierung hat so viele Mitarbeiter in den Kabinetten der Bundesminister beschäftigt. Selten wurde so viel Werbung für Inserate ausgegeben – Stichwort Inseratenkorruption –, wo monatelang schon eine Steuerreform beworben wurde, die es noch nicht einmal gab. Und bei der Zusammenlegung der Kassen wird aus der „Funktionärsmilliarde" sicher keine „Patientenmilliarde", wie der Slogan hieß, weil es keine Funktionärsmilliarde gibt.

Der Negativwahlkampf des Tal Silberstein

Der größte Fehler der SPÖ und ihres Obmanns Christian Kern im Wahlkampf 2017 war zweifellos das Engagement von Tal Silberstein. Er sei der beste Daten-Analytiker, argumentierte der damalige Bundeskanzler Kern, Kurz hingegen meinte bei einem ziemlich gehässig ausgetragenen Duell auf *Puls 4*, eine Woche vor der Wahl: „Wenn man Tal Silberstein bucht, weiß man, wen man bekommt." Kurz zeigte ein Taferl mit einem Zitat des PR-Mannes: „Man muss Negativkampagnen starten, das Ziel muss es sein, ihn zu einem schmutzigen Kandidaten zu machen." Kern konnte da nur leidend zusehen. Der SPÖ-Berater Silberstein hatte offenbar diesem Spruch folgend für Websites im Internet gesorgt, wo gegen Kurz agitiert wurde. Dümmer geht nimmer. Der Ruf „Silberstein" zog sich sehr laut durch den Wahlkampf, und er tauchte im Jahr 2019 anlässlich des „Ibiza-Videos" wieder auf, als Kurz plötzlich den Anpatzer spielte und SPÖ, Silberstein und Anwalt Lansky in einem Satz nannte.

„Wir sind gegen das Anpatzen"

Der Aufstieg von Sebastian Kurz begann mit dem „Anpatzen" seines Parteichefs Reinhold Mitterlehner. Aber kaum war Kurz im Amt, wollte er mit diesem Begriff, der ein bisschen an die Sandkastenzeiten von Jugendpolitikern erinnert, nichts mehr zu tun haben. Anpatzen, das tun die anderen. Eine erfolgreiche Strategie, denn die Österreicher hatten nach den Jahren des Streits in der Großen Koalition genug von den Methoden des gegenseitigen Schlechtmachens. Für die grobe Arbeit hinter den Kulissen hat Kurz ja seine Männer, umso unverständlicher, dass er selbst beim Sommergespräch auf *Puls 4* am 26. Juni 2019 den Namen Silberstein auch noch mit dem Namen des Wiener Rechtsanwalt Lansky verband: „Der Rechtsanwalt, der dieses Video organisiert hat (Ramin M.) war anscheinend für die ÖBB schon einmal tätig in der Zeit von Christian Kern, die Rechtsanwaltskanzlei, die es angeblich verkauft hat, die Kanzlei Lansky, ist eine sehr SPÖ-nahe Kanzlei." Gabriel Lansky mit der SPÖ in Verbindung zu bringen wird ihn wahrscheinlich nicht stören. Aber den Vorwurf, er habe das Video „verkauft", konnte Kurz durch nichts belegen. Lansky kündigte Klage an, und Kurz kann seither nicht mehr behaupten, er halte nichts von „Anpatzen".

Am 1. Juli 2019 erließ das Handelsgericht Wien auf Antrag der SPÖ eine einstweilige Verfügung. Darin wird dem ÖVP-Chef untersagt, öffentlich die Sozialdemokraten bezüglich Herstellung und Veröffentlichung des „Ibiza-Videos" zu verdächtigen.

Der Wahlkampf 2019 hat bei heißen Temperaturen und massiven Warnungen von Klimaforschern begonnen. Es wäre ein Wunder gewesen, wäre Sebastian Kurz, der sich für *fridaysforfuture* nicht interessiert hatte, nicht sofort auf den Klimazug aufgesprungen. Und wieder sagen er und seine Jünger immer und überall dasselbe: „Ein großes Thema unserer Generation ... respektvoll mit der Umwelt umgehen ... Österreich hat schon viel geleistet ... es liegt noch viel Arbeit vor uns ..." Am Ende des Wahlkampfs werden wir alle diese Sätze im Schlag mitsprechen können – wie damals die „Balkanroute".

6. Kurz, Kickl und Strache – so sehen sie die Medien

Ganz grundsätzlich haben die drei Herren unterschiedliche Zugänge zu Journalisten und Medien. Kurz will sie gebrauchen, Strache hat sich mit ihnen arrangiert und Kickl würde die kritischen am liebsten abschaffen, und da er das nicht kann, müssen sie einfach boykottiert werden. Das kam dann sehr klar bei seinem Medienerlass heraus, in dem unmissverständlich dekretiert wurde, mit aus seiner Sicht kritischen Medien den Kontakt auf das Mindeste zu beschränken.

Sebastian Kurz hingegen hat sich sehr früh in seiner Karriere dafür entschieden, Medien irgendwie auf seine Seite zu ziehen. Dezember 2017. Die Regierungsbildung ist fast abgeschlossen, es sind nur mehr Details offen. Ein guter Grund für den designierten Bundeskanzler, sich wieder ins Studio von *OE24.tv* zu setzen. Sebastian Kurz spricht gerne mit Wolfgang Fellner, denn dieser stellt keine Fragen, sondern wirft unelegant, aber bewusst ein Hölzl nach dem anderen jenen Gesprächspartnern zu, die in seiner Gunst stehen. Besonders lieb wird behandelt, wer viel Geld im verschlungenen Medienkonstrukt der Fellners gelassen hat. Während die Sendung läuft, die natürlich als LIVE ausgewiesen wird, rufe ich Kurz am Handy an. Er hebt sofort ab. Erstaunlich, meine ich, wie könne er denn telefonieren, wenn er LIVE im Studio sitzt? Na ja, das ist halt aufgezeichnet, so seine Antwort. Medien haben für ihn keine wesentliche Rolle in der Demokratie, er sieht sie eher als Verbreitungsorgane seiner Botschaften. Ich weise ihn darauf hin, dass es nicht der Würde eines Bundeskanzlers der Republik Österreich entspräche, dauernd bei einem derart peinlichen Sender aufzutauchen, den sich manche Leute oft nur ansehen, um das Fremdschämen zu üben. Ob er denn glaube, dass eine Frau Merkel oder ein Herr Macron sich regelmäßig derartigen Peinlichkeiten aussetzen würden? Eine Frage, die er nicht verstand oder verstehen wollte.

Dass Sebastian Kurz unabhängige Medien und freie Journalisten nicht schätzt, ahnte ich. Die Demokratie lebt unter anderem vom Spannungsverhältnis zwischen der Politik auf der einen Seite und ihrer Beobachtung auf der anderen Seite. Genau das hat Kurz nie wirklich akzeptiert. Er sieht sich als Politiker, der Medien einfach nutzen will: Die Bilder seines Kameramanns und die Botschaften seiner Pressesekretäre sollen seine öffentliche Wahrnehmung bestimmen, nicht unabhängige Journalisten, die seine Inszenierungen und seine Worte hinterfragen.

Der dritte Präsident der Vereinigten Staaten, Thomas Jefferson (1743–1826) formulierte einmal ganz im Geiste der Aufklärung: „Wenn ich zu wählen hätte zwischen einem Volke mit einer Zeitung und ohne eine Regierung – und einem Volke mit einer Regierung, aber ohne eine Zeitung –, so würde ich mich unbedingt für Ersteres entscheiden." Dieses Zitat ist aus einem Brief Jeffersons an Colonel Edward Carrington, und der Brief enthält noch einen wichtigen Satz: „Jeder sollte Zeitungen bekommen können und auch fähig sein, sie zu lesen." Also ein Appell an Bildung und kritisches Denken.

Sebastian Kurz würde Jeffersons Credo nie zustimmen, dass Medien für die Demokratie noch wichtiger sind als Regierungen. Im Gegenteil, für ihn nehmen Medien bestenfalls eine Funktion innerhalb der Politik ein – und Journalisten sind dazu da, damit Mächtige sie für die eigenen Zwecke einsetzen.

„Wer mag mich?"

Spätestens seit dem 19. Juni 2017 weiß ich und habe ich verstanden, wie Kurz versucht, mit Journalisten zu spielen. Da war er bereits ÖVP-Obmann, die Regierung hatte er beendet und er war voll auf die Wahl im Herbst eingestellt. Wir trafen uns im Restaurant Mario in Wien Hietzing. In nur zwei Stunden habe ich sehr viel über Kurz erfahren, seinen Zugang zu Medien, seine Stärken, vor allem aber auch seine Schwächen. Kurz braucht ein Umfeld, in dem man ihn schätzt und mag. Wenn das nicht der Fall ist, will er dahinterkommen, was denn getan werden könne, um gemocht zu werden. Ich kann es bis heute nicht glauben, wie wichtig es diesem raffinierten und in der Öffentlichkeit stets kontrolliert auftretenden Politiker ist, dass man „ihn mag". Anderen erzählte er, dass er sich schwer damit tut, dass „man ihn hasse". Diese Sehnsucht gemocht, vielleicht geliebt zu werden, treibt wahrscheinlich viele Menschen in Berufe mit starker Öffentlichkeitswirksamkeit. Bei Kurz klingt das immer wieder durch, wenn er etwa bei Reden einfließen lässt, dass er sich heute besonders wohl fühle, weil ja so viele Frauen und Männer da seien, die „ihn mögen".

Aber an diesem Abend wurde doch klar, dass Medien für ihn (noch) notwendige Hilfsmittel darstellen, solange nicht die ganze Kommunikation über die Sozialen Medien läuft. Und dass er keine Hemmungen hat, sich einzumischen, wo man ihn lässt. Den Hinweis, dass er ja Journalisten habe, die sehr positiv über ihn schrieben, quittierte er mit einem trockenen: „Ja, aber die rufe ich auch an und sage ihnen, es könnte noch besser gehen."

Und wie sorgten Kurz und seine Leute, vor allem Gerald Fleischmann und Johannes Frischmann, dafür, dass es stets „noch besser" ging? Durch brutalen Druck und penetrante Interventionen, immer wenn ihnen Geschichten nicht gefielen und oft, wenn sie Unangenehmes ahnten oder auch nur Unkontrolliertes wahrnahmen. Im *ORF* hörte man schon vor Regierungsantritt von Sebastian Kurz, dann aber umso häufiger, dass vor allem diese Mitarbeiter sich meldeten, sobald auch nur ein Pressetext ausgeschickt wurde. Wie denn die Geschichte aussehen würde und ob man denn helfen könne, das waren die harmlosen Fragen. Es gab auch andere, und es gab und gibt auch Formulierungen, denen man kein Fragezeichen anhängen konnte.

Die manipulative Message Control zur Sozialversicherung

Besonders hautnah habe ich das rund um die Zusammenlegung der Sozialversicherung erlebt, eines der Prestigeprojekte der Regierung Kurz/Strache. An diesem Beispiel lässt sich zeigen, wie Message Control aus Sicht der ÖVP funktionieren sollte: Ihr Medien habt einfach zu übernehmen, was wir euch vorlegen. Wer das nicht tut, ist unser Gegner. Wie oft ich das aus der ÖVP gehört habe: „Ihr seid gegen uns, wenn ihr gegen uns schreibt." Auf die Idee, dass Journalisten nicht einfach glauben dürfen, was ein Pressesekretär im Auftrag seines Herren anbietet, kommen diese Leute gar nicht. Und sie verstehen auch nicht, dass man als Journalist schon deshalb skeptisch ist, weil jede und jeder von uns schon so oft angelogen oder hinters Licht geführt wurde.

Am 24. April 2018 versuchte es Johannes Frischmann, Pressesprecher des Bundeskanzlers, wieder einmal und verschickte ein Mail, in dem geradezu ungeheure Skandale aus dem Bereich der Sozialversicherungen aufgelistet wurden: Spekulationen mit dem Geld der Versicherungen, nämlich Anlagen an der Börse in der Höhe von 1,3 Milliarden Euro, woraus der Boulevard gleich „gigantische Zockereien" machte, 160 Dienstwagen, über 1000 Funktionäre, die mit „Versorgungsposten" ein Vermögen verdienen würden etc. Nun konnte man bei der Selbstverwaltung der Sozialversicherung, wo neben der SPÖ auch die ÖVP seit Jahrzehnten Einfluss hatte, so manches kritisieren. Aber es ging der Regierung weniger um eine Reform als um einen Propagandaerfolg, von dem schon Jörg Haider geträumt hatte. Deshalb sollten die Medien über diese ungeheuren Verschwendungen berichten, damit dann der Slogan vom „Sparen im System" dagegengesetzt werden konnte. Das ist ein besonders gutes Beispiel dafür, wie die äußere Show alles bestimmte. Es wurde dann noch besonders platt, als der Satz kam: „Aus der Funktionärsmilliarde wird eine Patientenmilliarde." Message Control vom Feinsten. Das bitte soll genau so geschrieben werden, am liebsten in der Schlagzeile. Und dann soll es so oft wie möglich wiederholt werden. Am besten in der Sonntagsausgabe, da kann man noch mehr Leser erreichen.

Nur stimmte die Geschichte nicht, deswegen mochte diese Regierung recherchierende Redakteure nicht, denn der *KURIER* brachte am nächsten Tag nicht die Propaganda, sondern die Fakten, und die sahen ganz anders aus.

Zunächst zum Vermögen der Sozialversicherungen: Das betrug 6 Milliarden Euro. Die 1,3 Milliarden, mit denen „an der Börse spekuliert" worden seien, waren Teil der vorgeschriebenen gesetzlichen Rücklagen der Unfall-, Pensions- und Krankenversicherung. Wörtlich hieß es in der Stellungnahme des Hauptverbandes der Sozialversicherung: „Der Vorwurf der Spekulation mit 1,3 Milliarden Euro ist ehrenrührig, weil es den Eindruck erweckt, dass wir sorglos mit den Geldern der Versicherten umgehen." Es gibt nämlich ein klares Spekulationsverbot, Rücklagen dürfen nur in mündelsicheren Wertpapieren angelegt werden. Das wussten die Presseleute im Kanzleramt natürlich, aber sie wollten sich ihre Propagandaaktion nicht durch Fakten stören lassen.

Dann zu den Dienstautos, 160 an der Zahl. Da wir ja die Politiker oft im Fernsehen in großen Limousinen sehen, sollte das Bild vom dicken Funktionär erzeugt werden, der sich in seinen von den Versicherten bezahlten Mercedes hievt. Freilich, nur wenige Spitzenfunktionäre und leitende Angestellte verfügen über einen Dienstwagen, die allermeisten der 160 Autos sind kleine Fahrzeuge für Krankenbesuche beziehungsweise geleaste Beitragsprüfungswagen. Das wusste das Büro Kurz natürlich auch, aber die Story sollte ja saftig sein, und zwar um jeden Preis. Vor dieser Kampagne waren auch die eigenen Partei-„Freunde" nicht sicher.

Alexander Biach etwa, immerhin ein prominenter Spitzenfunktionär des ÖVP-Wirtschaftsbundes. Er schrieb in einer Aussendung: „Zur nächsten Sitzung komm ich wieder mit meiner Vespa und nicht im nicht (!) vorhandenen Dienstwagen." Biach hatte als Chef des Hauptverbandes übrigens die höchste Entschädigung: 4.113 Euro, 12 Mal im Jahr, viele Funktionäre bekommen nur Sitzungsgeld, die angebliche Funktionärsmilliarde beträgt rund 5 Millionen Euro. Aber auch Biach musste an die neuen Methoden glauben. Wie man hörte, wurde er darauf hingewiesen, dass er sich im Sinne von Sebastian Kurz wohl verhalten müssen, wenn er weiter Chef des Hauptverbandes bleiben wolle. Biach blieb schließlich nicht und wurde durch einen FPÖ-Funktionär ersetzt. So werden Exempel statuiert, was mit Leuten passiert, die eine eigene Meinung oder gar professionelles Wissen und inhaltliche Überzeugungen haben. Wegräumen bitte. Das tun dann andere, der Chef der Bewegung hat dafür leider keine Zeit, da ist er schon wieder „bei den Menschen". Und für das Image, um das es ja immer und überall ging, wären rücksichtslose Aktionen wie diese auch nicht gut. So trafen die Auswirkungen dieser Message Control nicht nur die Journalisten, sondern auch ÖVP-Funktionäre, die die erwünschten Botschaften nicht mit ihrem Gewissen vereinbaren konnten. Dass diese öffentlich abgestraft oder degradiert wurden, gehörte auch zum System – alle anderen sollten verstehen, was auf dem Spiel stand: die eigene Karriere. Nein, zimperlich sind Kurz und Co. auch mit ihren Parteifreunden nicht umgegangen.

Von Anfang an ging es darum, die Führung in staatlichen oder staatsnahen Betrieben neu zu besetzen, wobei Türkis und Blau zum Zug kommen mussten. Dazu kommen noch einige Beispiele in Kapitel 9.

Der ORF gehörte – fast – immer den Parteien

Bei den Medien stand und steht immer der ORF im Mittelpunkt. Jede Regierung der Zweiten Republik ist noch machtpolitisch rücksichtslos mit dem ORF umgegangen, nach dem Spruch des legendären ORF-Chefs Gerd Bacher: „Den Parteien ist es nicht wichtig, wie es dem ORF geht, sondern nur, wie es ihnen im ORF geht." Es gab nur eine Ausnahme: Die Alleinregierung von Josef Klaus (ÖVP) in den Jahren 1966 bis 1970 beugte sich dem Willen von über 832.000 Unterzeichnern des im Jahr 1964 von Hugo Portisch initiierten Volksbegehrens. 1967 wagte Klaus nach einigem Hin und Her ein Gesetz, das einen unabhängigen Rundfunk garantieren sollte. Der SPÖ-Kanzler Bruno Kreisky wollte ab 1970 weder das Gesetz noch den eigensinnigen Journalisten Gerd Bacher, der seit 1967 Generalintendant war. Seither griffen alle Kanzler wieder ziemlich brutal zu, gleichzeitig verhinderten sie – in Abstimmung mit der jeweiligen ORF-Führung – sehr lange privates Fernsehen, was uns den für Albanien unfairen Namen „Medien-Albanien" einbrachte. Und obwohl sich die Parteien und die Bundesregierung mit Steuergeld ihre eigenen digitalen Medienwelten aufbauten, ist ihnen der ORF noch immer wichtig. In den Regierungsverhandlungen im Herbst 2017 spielte die öffentlich-rechtliche Stiftung eine große Rolle, da geisterten sogar Überlegungen herum, einen Kanal des ORF zu privatisieren, ein österreichisches Medienhaus mit reduziertem Anspruch auf Qualität zeigte schon Pläne für eine allfällige Finanzierung herum. Aber so sehr die FPÖ immer wieder von Privatisierung des ORF sprach, kaum war sie an der Macht, spielte sie gerne mit auf der größten Orgel des Landes, die Interventionen von FPÖ-Klubobmann Westenthaler bei Schwarz-Blau ab dem Jahr 2000 wurden legendär.

Diesmal sollte der weltweit bekannte TV-Experte Norbert Steger (Vorsicht, Ironie!) es für die FPÖ und die Regierung im

ORF richten. In der Koalition war vereinbart worden, dass die FPÖ den Vorsitz des ORF-Stiftungsrates besetzen dürfe, wer wäre da besser geeignet als der frühere FPÖ-Chef, der einmal während eines Interviews mit Jörg Haider dem Kärntner ORF-Reporter Willi Mitsche von hinten das Mikrofon entreißen wollte. Mitsche hatte nach Stegers Meinung unbotmäßig gefragt. Der inzwischen 75-Jährige ist nicht viel gescheiter geworden und kritisierte als oberster ORF-Aufseher Moderatoren und Korrespondenten für deren Berichte oder auch für Fragen an Politiker. Noch schlimmer: Statt einer Reform, die die Unabhängigkeit des ORF garantieren würde, wurde eine neue interne Struktur beschlossen, teurer und komplizierter.

Den schärfsten und gleichzeig dümmsten Angriff auf den ORF und Moderator Armin Wolf startete Heinz-Christian Strache per Facebook, es war in der Nacht zum Faschingsdienstag, Alkoholpegel unbekannt: „Es gibt einen Ort, wo Lügen und Fake News zu Nachrichten werden", hieß es da vor einem Foto von Wolf im *ZiB*-Studio. „Das sind der ORF und das Facebook Profil von Armin Wolf." Das Posting wurde von Strache mit Emoji geschmückt und als „Satire" bezeichnet. Wolf klagte wegen Kreditschädigung, Ehrenbeleidigung und übler Nachrede. Straches Anwälte dürften dem Vizekanzler klar gemacht haben, dass er einen Prozess nur verlieren könne, also entschuldigte er sich für das Wort „Lüge" auf Facebook und per Inserat in der *Kronen Zeitung*. Dabei hatte der FPÖ-Chef nur geschrieben, was er sich dachte, nämlich das, was er auf Ibiza offen sagte, und dafür gibt es ja den Video-Beweis: „Journalisten sind sowieso die größten Huren auf diesem Planeten." Das ist die Einstellung vieler in der FPÖ, die außerdem „Mainstream-Medien" als Teil einer Weltverschwörung halten, wie sie regelmäßig in Sozialen Medien kundtun. Der Weg zum autoritären Staat führt über die Zerstörung von Medien, deren Kauf oder deren Beherrschung. Das hat die FPÖ geplant, nicht erst seit Ibiza, und diesen Plan gibt es noch immer.

Glaubt man dem FPÖ-Mediensprecher Hans-Jörg Jene-
wein, dann hat Türkis-Blau bereits vereinbart gehabt, die GIS-
Gebühr abzuschaffen, die Führung neu zu bestellen und die
FPÖ personell und inhaltlich stark im ORF einzubinden. So erklärte es Jenewein den *Salzburger Nachrichten* Mitte Juni 2019.
Das „Ibiza-Video" hat diese Vorhaben unterbrochen, bei einer
Fortsetzung von Türkis-Blau kommt der neu eingefärbte, von
der Regierung völlig abhängige ORF, und zwar mit zwei Füh-
rungspersonen, einer türkisen und einer blauen. Jenewein:
„Wenn die ÖVP an einer Schraube dreht, drehen sich gleich 250
andere mit. Bei mir gäbe es dann zwei Schrauben, die ich unter Kontrolle habe." Mehr Verachtung für unabhängigen Journalismus gibt es kaum. Spannend wird, ob die ÖVP das auch
wirklich so platt sieht, und wer sich im ORF gegebenenfalls als
Schraube für die FPÖ hergeben wird.

Den ORF „neutralisieren, auch auf die Gefahr, dass uns
die sogenannte Orbanisierung vorgeworfen wird", das wollte
der oberösterreichische Landesrat Elmar Podgorschek, wie
er sehr offen bei einer Rede bei einem Unternehmerempfang
der AfD im Mai 2018 im Thüringer Landtag formulierte. Bei
dieser Rede war Podgorschek stolz darauf, im Regierungsprogramm 70 Prozent der FPÖ-Forderungen umgesetzt zu haben.
Schlimm sei aber noch die „völlig linksgepolte Justiz", eine
„Medienlandschaft jenseits von links", eine „Kirche mit Links-
drall", und eine „Unterwanderung der Wissenschaft". „Gegen
diesen Machtblock gilt es anzukämpfen", so Podgorschek.
Und wie? „Wir müssen den Marsch durch die Institutionen
antreten. Und wir haben jetzt, bei der Übernahme der Bundesregierung, beinhart alle Aufsichtsräte und, wo es möglich
war, die Geschäftsführer der staatlichen und halbstaatlichen
Unternehmen ausgetauscht." Das Publikum applaudierte, der
Koalitionspartner mit ÖVP-Landeshauptmann Thomas Stelzer bestellte den Landesrat zum Rapport, nicht wegen dieser
Aussagen, sondern weil der FPÖ-Mann auch unfreundlich

über die ÖVP geredet hatte. Nachher meinte Stelzer: „Das unerfreuliche Thema ist vom Tisch." Wie konnte die ÖVP so lange zuschauen? Das Denken und die Vorhaben der Podgorschek-FPÖ waren und sind nicht vom Tisch. Sie bilden auch die Überzeugungen der FPÖ-Führung nach Strache. Interessant: Nach dem Ibiza-Skandal trat auch Podgorschek zurück.

Das Vorbild Orbán – gleichgeschaltete Medien

Das „Ibiza-Video" hat dann noch eines draufgesetzt. Strache, der Mann mit dem Huren-Sager, wusste in Ibiza, wie Journalisten zu behandeln sind: „Sobald sie wissen, wohin die Reise läuft, funktionieren sie so oder so. Man muss es ihnen ja nur kommunizieren." Konkret wollte er der *Kronen Zeitung* kommunizieren, dass er jetzt dort etwas zu reden habe. Diese Passage aus dem Video ist besonders kurios. Denn die FPÖ wurde von der größten österreichischen Zeitung traditionell gut behandelt, und das galt auch für die Website *krone.at*. Deren Chefredakteur Richard Schmitt war sogar stolz darauf, dass er gerne die Facebook-Seite von Strache teilte. So wurde der „Krone-Familie" die Familie Strache gezeigt, also auch Baby Hendrik und die Dogge Linda, „unsere Kuschelmaus", wie der FPÖ-Chef treuherzig meinte.

Was also bewog den erfahrenen Politiker, mit einer angeblich reichen Russin den Kauf der *Krone* zu besprechen, der, wie Strache in dem Video sagt, „mächtigsten Zeitung Europas zur Bevölkerungszahl"? Zunächst ein ebenso platter wie undemokratischer Wunsch: „Wir wollen eine Medienlandschaft ähnlich wie der Orbán in Ungarn aufbauen." Also ein System, in dem die Regierung über Beteiligungen nahestehender Oligarchen bestimmt, was geschrieben wird. Man kann sich den Satz nicht oft genug anhören. Das Wunschbild Straches und der FPÖ ist auch nach dem Rücktritt des blamierten Obmanns klar:

ein autoritärer Staat mit einer korrupten Clique an der Spitze, wo Medien das zu berichten haben, was die Führung will. Und wer nicht mitmacht, wird existenziell vernichtet. Das wollten und wollen die FPÖ und Kurz? Kurz will die Macht. Im Zweifel auch mit solchen Helfern. Unabhängige Journalisten, die keine Angst haben, stehen auch nicht ganz oben auf seinem Wunschzettel eines von ihm geführten Landes.

Zurück zur *Kronen Zeitung*. Was Strache wissen hätte müssen: Die Verträge der *Krone*-Eigentümer sind etwas komplizierter als sich das ein machtgeiler Politiker ohne juristische Kenntnisse vorstellen kann. Dass die deutsche Funke Mediengruppe, neben der Familie Dichand zu 50 Prozent Eigentümerin, verkaufen würde, das war das Eine. Aber dass ein neuer Eigentümer an die alten Verträge gebunden sein würde, das hat auch jeder gewusst, außer Heinz-Christian Strache – der Mann, der sich anschickte, mit Hilfe der der *Kronen Zeitung* Bundeskanzler zu werden.

Inzwischen hat der Tiroler Immobilien-Milliardär Rene Benko (SIGNA Holding) der Funke Mediengruppe knapp die Hälfte ihrer Anteile bei *Kronen Zeitung* und *KURIER* abgekauft und genau diese Erfahrung gemacht – wie komplex die Verträge sind. Aber ein Herr Strache sah sich als Mini-Orbán und dachte, er könne sich etwa mit Hilfe des Investors Heinrich Pecina, der in Ungarn schon Orbán bei Medien-Deals geholfen hatte, die Krone aufsetzen. Man glaubt es nicht, wie naiv – oder darf man sagen dumm – ein Mann sein kann, der seit Jahrzehnten in der Politik ist und Österreich regieren wollte. Die Übernahme sollte ganz schnell gehen – und zwar „Zack-Zack-Zack". Strache auf dem Ibiza-Video: „Sobald sie – *die Oligarchin* – die Kronen Zeitung übernimmt, sobald das der Fall ist, müssen wir ganz offen reden, da müssen wir uns zusammenhocken. Da gibt es bei uns in der Krone: Zack-zack- zack. Drei, vier Leute, die müssen wir pushen. Drei, vier Leute, die müssen abserviert werden. Und wir holen gleich mal fünf neue herein, die wir aufbauen." Das klingt wie ein Putsch bei einem Medium und sollte auch einer sein. Aber man kann es nicht anders sagen: Dieser Plan war von einer unfassbaren Blödheit geprägt.

Die Folgen dieser Passage des Videos: Zunächst ist Richard Schmitt, der Chefredakteur von *krone.at* auf Urlaub gegangen, er wurde in dem Video als verlässlicher Mann genannt. Schmitt wurde in der Zwischenzeit zu den gestreamten TV-Aktivitäten der *Kronen Zeitung* versetzt. Die *Krone*-Redaktion ist in diesen Tagen näher zusammengerückt. Damit sind wir bei der Volksweisheit „Selten ein Schaden ohne Nutzen": Die unverschämten Äußerungen Straches über die Pressefreiheit im Allgemeinen und Journalisten im Besonderen haben auch FPÖ-freundliche Journalisten aufgeschreckt. Und auch in der *Krone* zu einer Stimmung geführt, dass man sich nicht alles gefallen lassen darf.

Die Inseratenkorruption

Sebastian Kurz versprach im ersten Interview nach den Verhandlungen mit der FPÖ, angesprochen auf die enorme Inseratenkorruption, also die vielen Millionen, die von der Regierung gezielt an Zeitungen vergeben werden, um sich wohlwollende Berichterstattung zu kaufen: „Es ist die Aufgabe der Minister, so zu arbeiten, dass bestimmte Medien nicht bevorzugt werden." Und Strache: „Auch in diesem Bereich müssen wir sparsam und korrekt vorgehen." Die Wahrheit ist: Von korrekter Behandlung der Medien kann keine Rede sein. Die Regierung gab viele Millionen an Steuergeldern aus, ein Grund war oft nicht zu erkennen – außer sich den Boulevard freundlich zu halten.Da agierte die Regierung Kurz in erstaunlicher Übereinstimmung mit der SPÖ-geführten Stadt Wien, die ebenfalls traditionell Millionen am Boulevard verteilt.

Im Jahr 2018 hat die Bundesregierung nach offiziellen Angaben 44 Millionen Euro ausgeben, mehr als die Vorgängerregierung. Von wegen „Sparen im System". Weit vorne lag ausgerechnet das Finanzministerium mit Kampagnen für eine Steuerreform, die noch nicht beschlossen war, gefolgt vom Verteidigungsministerium, das nicht einmal genug Geld hat, seine Lastkraftwagen zu betanken. Dafür warb FPÖ-Verteidigungsminister Mario Kunasek im weit rechtsstehenden Mölzer-Blatt *Zur Zeit* im März 2019 um viel Geld mit einer Zwischenbilanz: „Mehr Investitionen in ein starkes und modernes Heer" hieß es da. Wie gesagt, das Heer ist so „modern", dass die LKWs zuhause bleiben müssen. Dafür freut sich Kunasek in dem Inserat, dass er das Binnen-I im Bundesheer abgeschafft hat. Eine wackere Leistung, die wenigstens nichts gekostet hat und schon deshalb erwähnt gehört.

Sebastian Kurz beantwortet die Frage nach den enormen Ausgaben für Inserate so: „Öffentliche Einrichtungen haben auch einer Informationspflicht gegenüber den Menschen im Land nachzukommen. So auch die Bundesregierung. Bei der Vergabe von Inseraten wurde ein Schlüssel herangezogen, der sich aus Reichweite und Auflage zusammensetzt." Das ist aber einfach nicht richtig. Eine Boulevardzeitung, die besonders liebedienerisch geschrieben hat, wurde besonders stark mit Inseraten verwöhnt. Das zeigen die veröffentlichten Zahlen eindeutig. Wie wichtig die Beeinflussung der Medien im Verhältnis zur Arbeit des Staates ist, zeigt folgender Vergleich: Rund um Innenminister Kickl waren etwa 50 Personen für die Propaganda, pardon, für die Information der Medien zuständig. Zusatz: Wenn man als Journalist etwas vom Innenministerium brauchte, war oft niemand erreichbar. Die Korruptionsstaatsanwaltschaft WKStA aber hatte rund 40 Staatsanwälte. Das zeigt schon, was der Regierung wichtiger war.

Und was der FPÖ wichtig war, sah man daran, in welchen Medien ihre Minister Inserate geschaltet haben: Insgesamt waren es 116.000 Euro.

7. Die Regierung Kurz/Strache – das Regierungsprogramm

Nach nur sieben Wochen Verhandlungen verkündeten Sebastian Kurz und Heinz-Christian Strache ganz stolz ihr Regierungsprogramm und die neuen Ministerinnen und Minister. Noch vor der Angelobung gaben die beiden am 17. Dezember 2017 Interviews im Stundentakt. Vor allem Kurz war es wichtig gewesen, schnell fertig zu sein, er schielte mit einem Auge immer nach Berlin, wo sich Angela Merkel viel schwerer tat. Die Eile hat zu inhaltlichen Fehlern geführt, der größte Fehler aber war, Herbert Kickl das Innenministerium und der FPÖ alle Geheimdienste zu überlassen. Kurz hatte nicht mehr die Zeit oder einfach nicht die Nerven, der FPÖ das wohl wichtigste Ministerium zu versagen.

Jede Koalition beginnt damit, dass Menschen zusammenarbeiten, die einander zuvor im Wahlkampf ablehnend oder gar feindlich gegenübergestanden waren. Da musste den neuen Mächtigen etwas einfallen, weil ja die Parole galt: „Nicht mehr streiten." Nun war klar, dass das nicht durchzuhalten war, weil ÖVP und FPÖ nicht nur unterschiedliche Programme hatten, sondern auch Repräsentanten, die zuvor durch deutliche Auftritte oder beachtliches Selbstbewusstsein aufgefallen waren.

Teil der Message Control war auch, einige Themen zu spielen, die die Öffentlichkeit ablenken würden. Über diese würde dann gesprochen werden, nicht über die wahren Probleme. Und so entstand Kickls Reitertruppe, von Anfang an eine teure Schnapsidee, aber eine, die die Medien beschäftigte. Mit Tempo 140 – ebenso unnötig wie teuer – oder bei Rot rechts abbiegen wollte Norbert Hofer zur Unterhaltung und Ablenkung beitragen. Aber zunächst mussten die beiden Chefs erklären, wie sie die Beleidigungen des Wahlkampfs beiseiteschieben würden.

Beim Interview mit dem *KURIER* fragte ich Strache, ob er sich für seinen Spruch im Wahlkampf, Kurz würde „politisch über Leichen gehen", entschuldigt habe. Strache: „Das war durchaus sehr überzogen. Manchmal passiert im Wahlkampf ein Satz, der sicher sehr überspitzt ist." Damit war diese üble Aussage für Kurz ebenso vergessen wie der „Ohrwaschelkaktus", eine andere Aussage des FPÖ-Chefs über Kurz, die bei seinen Anhängern gut angekommen war. Der FPÖ-Chef formulierte bei diesem Interview noch immer wie im Wahlkampf. Manche seiner Sätze waren wortwörtlich dieselben wie in den Monaten zuvor, wie sie auch Kurz verwendet hatte, etwa: „Unser Ziel ist es, beim System zu sparen, und nicht bei den Menschen."

Genau diesen Menschen, von denen Politiker so gerne reden, hat jedenfalls die Rücknahme der Regelung geschadet, mit der das Rauchen in der Gastronomie verboten wurde. Diesen verstärkten NichtraucherInnenschutz, mit dem Österreich international ohnehin schon spät dran war, hatte die ÖVP mit der SPÖ in der gemeinsamen Regierung beschlossen, die FPÖ aber bestand darauf, dieses sinnvolle Gesetz zu kippen. Kurz später: „Die FPÖ wäre sonst nicht in die Regierung gegangen. Mir war das lieber als eine Koalition mit der SPÖ und von denen erzwungene Vermögenssteuern." Nach dem Bruch der Koalition wurde das Verbot des Rauchens in der Gastronomie im Sommer 2019 vom Parlament gegen die Stimmen der FPÖ wieder eingeführt. Die FPÖ hat das Thema gleich wieder in den Wahlkampf gebracht.

Kurz vor der Einigung hatte ich in meinem täglichen Weckruf geschrieben:

> „Die FPÖ jubelt über die absurde Raucherregelung – zurück in die 70er, als noch nicht endgültig bewiesen war, dass Rauchen zu Krebserkrankungen aller Art führt –, aber die ÖVP wird mit der absurden Raucherbestim-

mung noch Probleme bekommen. So gut wie alle Mails gestern waren eine Beschimpfung der ÖVP, die „umgefallen sei". Immerhin werden ÖVP-Mandatare eine Bestimmung schmeißen müssen, die sie selbst im Nationalrat beschlossen haben. So viel zum freien Mandat. (...) Klar, eine Koalition ist eine Summe von Kompromissen. Aber im Grundsatz sollte es Übereinstimmungen geben und die vielzitierten Leuchttürme. Rauchen für alle ist aber ein Rückschritt, gegen den bereits über 100.000 Menschen in 24 Stunden unterschrieben haben. Und dass Strache auch noch deutlich sagt, wie schwer er sich mit der EU tut, ist zwar ehrlich, aber die Pro-Europa-Regierung, die Sebastian Kurz versprochen hat, wird daraus noch nicht. Da hilft es auch nichts, dass die Europa-Agenden aus dem Außenministerium ins Kanzleramt wandern werden. Die FPÖ bildet ja nach wie vor im Europaparlament eine Fraktion mit Parteien, die die EU zerstören wollen. Frau Le Pen erklärt das in jeder Rede und in jedem Tweet. Dieser Widerspruch sollte auch noch gelöst werden, so oder so.

Am 18. Dezember 2017 wurde die Regierung angelobt. Es zeichnete sich schon ab, dass diese Regierung mit manchen ihrer Mitglieder und ihrer Handlungen Österreich international schlechte Presse einbringen würde. Mein Weckruf vom 19. Dezember 2017, wo es vor allem um die EU und die künftige Außenpolitik ging:

Der Bundespräsident hat gelächelt, die Regierung ist angelobt, die Ministerinnen und Minister beziehen ihre Büros, die Demonstranten bereiten sich auch auf Weihnachten vor, der Kanzler fliegt heute nach Brüssel, das Parlament diskutiert am Mittwoch. Also alles in Butter? Zunächst einmal ganz sicher.

In vielen ausländischen Medien wird die FPÖ weiter als rechtsextremistisch bezeichnet – „Le Monde" spricht von der Banalisierung des Rechtsextremismus – oder als „Far right", wie die Londoner „Times" schreibt. Die „Times" verweist auch auf die Problematik, dass die FPÖ nun alle Uniformierten kommandiert und auf die Nähe zu Wladimir Putin. Allerdings haben Sebastian Kurz und Heinz-Christian Strache in den letzten Tagen mehrmals darauf hingewiesen, dass diese Bundesregierung im Rahmen der EU agieren wird, und der neue Bundeskanzler wird das auch heute in Brüssel betonen. (...) Und auch Strache wollte früher über EU- und Euro-Austritt das Volk befragen lassen. Mit seiner Anti-EU-Haltung passte er zu Le Pen, Wilders und dem ganzen rechtsextremen Klub, der sich ins EU-Parlament wählen lässt, um die EU zu zerstören. Jetzt hätte die FPÖ die Chance, sich aus dieser rechten Konnotation zu lösen. Das will Strache auch, weiß aber noch nicht, wie er es angehen soll, ohne schon wieder eine Kehrtwendung hinzulegen, wie bei CETA. (...)

Im Ausland wurde offenbar besser verstanden, dass Österreich hier nicht irgendeine neue Regierung bekommen hat, sondern dass im Einklang mit anderen europäischen Ländern ein Systemwechsel unterwegs war. Das war der eine große Unterschied zum Jahr 2000: Rechts außen wurde nun auch in anderen europäischen Ländern regiert. Und der zweite: Im Jahr 2000 spielte bei der FPÖ Ideologie eine viel geringere Rolle, jetzt aber hatten die rechts getrimmten Burschenschafter und Herbert Kickl übernommen. Sie fühlten sich seit vielen Jahren benachteiligt und sie hatten großen Nachholbedarf, bei Jobs im staatsnahen Bereich und beim Ausbau der Macht genau dort, wo sie das Land verändern wollten – bei den Sicherheitsbehörden.

Der autoritäre Staat

Mit den von ihr kontrollierten Sicherheitsbehörden wollte die FPÖ vom Anfang dieser Regierung an den Weg in den autoritären Staat vorgeben. Die Hoffnung, dass sich diese Partei „zivilisieren" würde, konnte nur haben, wer in den Jahren zuvor ständig weggehört und weggeschaut hatte. Johann Gudenus und andere waren da stets sehr verlässlich, auf ihre Art eben, nicht nur, aber immer auch mit Attacken auf Ausländer. Und die ÖVP schaute zu. Als sich die türkis-blaue Regierung formte, haben wir nicht gewusst, was dieser Gudenus mit Strache ein halbes Jahr davor in Ibiza so alles besprochen hatte. Aber es hat uns nichts gewundert, was wir später auf dem Video gehört haben.

Der Weckruf vom 20. Dezember 2017 im *KURIER*:

> Können zum Teil fanatische Rechtsaußen-Politiker „normale" Regierende und Verwalter werden? Das fragt man sich auch bei einem Mitarbeiter von *unzensuriert.at* – dem Zentralorgan für Ausländerfeindlichkeit, Verschwörungstheorien und persönliche Untergriffe gegen alle, die nicht Strache und Co. verehren. Dieser Herr Höferl wird eh nicht Pressesprecher, wie das Innenministerium betont, sondern nur Kommunikationschef. Aber auch Herbert Kickl hat einen weiten Weg vom Polemiker zum Staatsmann vor sich. Zitate aus einer Wahlkampfrede: „SPÖ und ÖVP haben das Lügen erfunden, vorher hat es keine Lügen gegeben." Oder: „Kurz und die Dreiwellentaftpartie, die haben das verbrochen, dass der Islam zu Österreich gehört." Jetzt sitzt er fast neben Bundeskanzler Kurz im Ministerrat, getrennt nur durch Vizekanzler Strache. Politik ist halt so. Wirklich?

Und noch ein Auszug aus meinem „Weckruf" vom 21. Dezember 2017, der viel über die kommenden Themen sagte:

> Ein Thema in der EU wird noch der Wunsch der FPÖ, den Südtirolern die österreichische Staatsbürgerschaft anzudienen. Ob da alle darüber nachgedacht haben, was das bedeutet? Im Südtiroler Magazin *Salto* setzt sich der geborene Bozener und Innsbrucker Universitätsprofessor Günther Pallaver mit der Komplexität des Themas auseinander. Vor allem mit der Frage, wer eigentlich Südtiroler ist? Diejenigen, die Vorfahren in der Habsburger Monarchie hatten, oder auch Nachkommen italienischsprachiger Trentiner? Oder geht es um die Sprachzugehörigkeit? Die darf ja jeder Südtiroler wählen, wie er will. Was ist mit italienischen Staatsbürgern, die in Südtirol ihren Wohnsitz haben? Das können auch geborene Marokkaner oder Ukrainer sein, wie Pallaver argumentiert. Ja, politische Parolen sind schnell formuliert, aber verantwortungsvolle Politiker bedenken auch die Konsequenzen. Den Doppelpass für Südtiroler kann man als Retro-Idee der FPÖ abtun, das wird keine politischen Folgen haben. Die Show des Charles Puigdemont bedroht aber den Wohlstand Kataloniens. Heute findet in Katalonien die „Wahl zwischen zwei unversöhnlichen Welten" statt. Denn das ist dem Separatisten gelungen – sein Volk zu spalten. Um 20 Uhr schließen heute die Wahllokale. Noch ein Wort zu Norbert Hofer: Das mit dem Rechtsabbiegen lassen wir als Gag durchgehen, aber 150 km/h auf der Autobahn ist verantwortungslos. Die Zahl der Verkehrstoten ist wieder gesunken. Denken wir nach, wie dieser Trend weitergehen kann. (...)

Die Steuerreform

Die Steuerreform muss hier erwähnt werden, weil sie ja für Kurz eine der zentralen Begründungen war, warum er mit der FPÖ koalieren müsse und nicht mit der SPÖ. Die Sozialdemokraten hätten auf Vermögenssteuern bestanden, so Kurz, und die wären schlimmer als das Rauchen in der Gastronomie, lautete der an dieser Stelle stets wiederholte Satz. Zum Thema Steuern wurde im Regierungsprogramm vieles versprochen, unter anderem eine „Steuerstrukturreform", dazu „eine steuerliche Entlastung des Faktors Arbeit". Tatsächlich von der Regierung beschlossen wurde, neben dem Familienbonus, eine Steuersenkung. Von einer Strukturreform kann keine Rede sein, auch der Faktor Arbeit wurde nicht entlastet. Und die versprochene Abschaffung der kalten Progression wurde wieder verschoben. Das Mantra „keine neuen Steuern" verhinderte leider eine echte Reform. Eine CO_2-Steuer würde zu einer Ökologisierung des Steuersystems beitragen. Und wenn der Faktor Arbeit radikal entlastet wird, was dringend notwendig ist, wird der Staat woanders kassieren müssen, etwa bei Klimasündern. In Österreich lohnt sich Arbeit vor allem für den Finanzminister. Der Grenzsteuersatz liegt schon ab 31.000 Euro Jahreseinkommen bei 42 Prozent, über 60.000 Euro bei 48 Prozent. Jemand, der 60.000 Euro im Jahr verdient und dann einen Bonus von 5.000 Euro erhält, liefert fast die Hälfte davon an den Fiskus. Leistung lohnt sich also nicht. Der Chef des Wirtschaftsforschungsinstituts WIFO, Christoph Badelt, meinte dazu im *KURIER*-Interview: „Da muss man massiv heruntergehen."

Wer entlasten will, muss gegenfinanzieren. Wären Vermögenssteuern richtig? Professor Badelt: „Aus der Sicht der Steuerlogik wäre eine stärkere Besteuerung des Vermögenszuwachses durchaus sinnvoll. Damit werden Sie allerdings nicht wahnsinnig viel Einkommen erzielen," so der WIFO-Chef.

Wo kann also gespart werden? Klar, in der Verwaltung, also auch im Föderalismus. Die Zusammenlegung von Krankenkassen wird zunächst einmal Geld kosten, ein bundesweiter Plan für die Spitäler könnte hingegen schnell Geld sparen. Aber die Länder sind dagegen. Badelt meint, dass die Länder erst dann zum Sparen animiert werden, wenn sie selbst Steuern einnehmen, westliche Bundesländer wollen das.

Und dann kommen die viel zitierten Förderungen. Der damalige Finanzminister Josef Pröll hat die Transparenzdatenbank ab 1. Jänner 2011 eingeführt, aber noch heute wissen wir nicht, wie die rund 20 Milliarden Förderungen jährlich ausgegeben werden. Badelt: „Es gibt zwischen Bund, Ländern und Gemeinden keinen Überblick, wer wem wann wie viel gibt. Das gilt für Förderungen im Bereich Wirtschaft, Kultur und Familien."

Früher einmal hat die FPÖ auch eine Reform des Föderalismus verlangt, klar, in den Verwaltungen der Länder hat sie nie eine große Rolle gespielt. Nun aber war das keine Priorität mehr, die Umgestaltung des Staates sollte ja über die Sicherheitsbehörden laufen, und die waren passenderweise in Kickls Innenministerium angesiedelt.

8. Der BVT-Skandal –
Kickls schleichender Putsch?

Mittwoch, 28. Februar 2018, 9 Uhr, Rennwegkaserne, Rennweg 89–93. Rund 80 Polizeibeamte, die normalerweise im Drogenmilieu und bei schweren Fällen von Straßenkriminalität eingesetzt werden, marschieren in das Gebäude des Bundesamts für Verfassungsschutz und Terrorismusbekämpfung (BVT) in Wien 3, niemand hält sie auf, einige weisen sich immerhin aus, sie seien Kollegen, erklären sie beim Eingang. Sie sind nicht so martialisch gekleidet wie es in ersten Berichten hieß, haben aber eine Ramme dabei, ein Werkzeug, mit dem sie im Zweifel versperrte Türen aufbrechen könnten.

Gleichzeitig werden Hausdurchsuchungen in mehreren Privatwohnungen durchgeführt. Ein Beamter, der früher beim BVT gearbeitet hat und jetzt in der Sicherheitsakademie tätig ist, wird in seinem Büro in der Marokkanergasse in Wien Landstraße verhaftet.

Chefin des Einsatzes ist Ursula Schmudermayer, jene Staatsanwältin, die bei ihren Ermittlungen intensiv von Beamten des Innenministeriums bearbeitet worden war. Die Polizisten werden von Wolfgang Preiszler befehligt, sie kommen von der Einsatztruppe zur Bekämpfung von Straßenkriminalität EGS. Gegen Preiszler, nebenbei auch FPÖ-Gemeinderat, wurde im Zusammenhang mit von ihm geteilten Facebook-Postings von Rechtsextremen und Staatsverweigerern ermittelt, diese Untersuchungen wurden später aber eingestellt – wegen Verjährung. Für die Hausdurchsuchung zuständig wäre eigentlich das BAK gewesen, das Bundesamt für Korruptionsbekämpfung und Korruptionsprävention.

Das BVT wurde im Jahr 2002 aus der Staatspolizei und einigen anderen Einheiten gegründet, es untersteht organisatorisch der Generaldirektion für die öffentliche Sicherheit im Innenministerium.

Die Beamten haben einen Hausdurchsuchungsbefehl eines Richters, beantragt von Wirtschafts- und Korruptionsstaatsanwaltschaft (WKStA). Die Genehmigung wurde am Vorabend um etwa 22 Uhr 30 erteilt. Diese beruft sich auf angeblichen Missbrauch von Daten und ungesetzlichen Umgang mit koreanischen Reisepässen. Im Vorfeld hat aber noch etwas eine Rolle gespielt: ein anonym gefertigtes und verschicktes 39-seitiges Dossier mit schweren Vorwürfen gegen einige Mitarbeiterinnen und Mitarbeiter des Innenministeriums und des BVT, auch das Thema Daten und die koreanischen Reisepässe kommen hier vor. Auf dieses Konvolut bezog sich Kickl auch in dem REPORT-Interview, in dem er Journalisten vorwarf, die Öffentlichkeit zu „verunsichern". Das verwendete er auch für unverhohlene Drohungen, auf die einige Medien sehr klar reagierten.

Denn das Gegenteil ist der Fall. Kickl hat verunsichert. Denn als er Innenminister wurde, kannte er dieses Dossier bereits, wie er in einem TV-Interview zugab. Er hatte es als FPÖ-Generalsekretär zugespielt bekommen. Kickl selbst sagt auf Anfrage dazu: „Für mich war das relativ klar, dass das irgendwo im Zusammenhang mit meiner damaligen Funktion als Wahlkampfleiter steht. Ich habe das als möglichen Versuch eines ‚Dirty Campaigning' interpretiert. Das ist in Wahlkämpfen nicht unüblich, dass in der Vorphase auch mit solchen Mitteln gearbeitet wird. In meiner Funktion als Bundesminister wurde ich mit diesem Papier erneut konfrontiert, als Generalsekretär Peter Goldgruber es mir gezeigt hat. Für mich stellte sich dann nur eine Frage – denn das ist ja etwas ganz anderes, wenn man das als Bundesminister erhält, als wenn man es als Privatperson hat: Was ist die rechtlich korrekte Vorgangsweise? Ich habe Peter Goldgruber gesagt, er soll sich das anschauen, er soll es beurteilen und er soll auch die entsprechenden Schritte, die er für notwendig erachtet, einleiten. Damit war das für mich zunächst einmal erledigt.

Im Übrigen ist es nicht korrekt, dass die im Konvolut aufgeführten Vorwürfe zur Gänze nicht stimmen würden. Auch die Causa des Wiener Stadterweiterungsfonds wird dort beschrieben. Wie bekannt, werden deshalb jetzt vier Personen, darunter zwei Sektionschefs im BMI, angeklagt."

So gut wie alle Redaktionen des Landes hatten das Papier. Einige Reporter, darunter bekannte Aufdeckungsjournalisten, gingen den Vorwürfen nach, keiner wurde auch nur annähernd bestätigt. Da ging es um Steuergelder, die Beamte angeblich bei der Übergabe eines Lösegelds in Afrika veruntreut hätten, um wilde Partys mit Drogenmissbrauch und sexuelle Übergriffe an Mitarbeiterinnen. Es war allen, die sich ernsthaft mit diesem Papier beschäftigt haben, klar, dass es hier um eine Revanche gegen missliebige Kollegen ging. Wahrscheinlich waren mehrere Autoren daran beteiligt. Alle Beteiligten sind sich sicher, dass ein bestimmter BVT-Mitarbeiter einer der Autoren war.

Herbert Kickl und sein Generalsekretär Peter Goldgruber sprachen bei internen Besprechungen das Dossier an, und sie hörten überall dasselbe: Da ist nichts dran. Aber sie hatten einen Plan – die Auflösung des BVT und die Zerstörung der „schwarzen Netzwerke" im Innenministerium, von denen sie sich verfolgt und in ihrer Arbeit behindert fühlten. Sie wollten sich ein Ministerium formen, in dem nur mehr ihre Vertrauten an den Schaltstellen sitzen würden. Dass sie damit die Sicherheit Österreichs gefährden würden, muss ihnen klar gewesen sein. Goldgruber ist einmal aus Karrieregründen von der SPÖ zur FPÖ gewechselt, mit seinen 58 Jahren ist er unbestritten ein erfahrener Polizist. Als Generalsekretär ließ er sich eine eigene Uniform schneidern, was auf eine für einen Polizisten erstaunliche Eitelkeit schließen ließ. Aber warum sollte Goldgruber mitmachen, wenn ein wichtiger Sicherheitsdienst in seiner Arbeit behindert werden, wenn nicht sogar zerstört werden sollte?

Kickl und Goldgruber ahnten vermutlich, dass das BVT verdeckte Ermittler im Umfeld von Rechtsextremen und Neonazis eingesetzt hatte. Deren Namen und deren Erkenntnisse müssen sie interessiert haben. Kickl muss auch gewusst haben, dass der wegen Wiederbetätigung verurteilte Gottfried Küssel Kontakte zu FPÖ-Leuten hatte. Welche Erkenntnisse das BVT darüber hatte, konnte er nicht wissen, umso dringender wollte er an diese Informationen herankommen.

In einem rechtsextremen deutschen Magazin hat Küssel später, im Mai 2019, berichtet, belastende Informationen über FPÖ-Chef Heinz-Christian Strache zu haben. Küssel war 2013 als Initiator der neonazistischen Homepage *alpen-donau.info* wegen nationalsozialistischer Wiederbetätigung zu sieben Jahren und neun Monaten Haft verurteilt worden. Ende Jänner 2019 wurde er entlassen und hat dann dem vom Dokumentationsarchiv des Österreichischen Widerstands (DÖW) als neonazistisch eingestuften deutschen Magazin *N.S. Heute* ein Interview gegeben. Darin beschreibt Küssel, wie er den damaligen Teenager Strache in den 1980er Jahren kennengelernt hat. Strache habe „für unsere damalige ‚Ausländer-Halt-Bewegung' an Wahlkampfaktionen teilgenommen", aber „nie unsere Blutgruppe gehabt, aber im stillen Kämmerlein hat er den großen Nationalsozialisten gespielt. Da gab es einige lustige Auftritte, über die will ich jetzt aber nicht reden, vielleicht brauchen wir das nochmal", so Küssel. Die Festplatte der Neonazi-Website *alpen-donau.info* konnten Ermittler nie knacken. Sie gehen aber davon aus, dass Küssel über kompromittierendes Material verfügt.

Zurück zum Sturm auf das BVT: Die WKStA musste nicht nach möglichen Zeugen suchen, die wurden von Mitarbeitern Herbert Kickls angeliefert und – so der Verdacht – auch entsprechend präpariert. Der Mitarbeiter im Kabinett, Udo Lett, war hier höchst aktiv. Einer der Zeugen soll Mitverfasser des dubiosen Dossiers gewesen sein. Besonders pikant: Die Führung des Justizministeriums wusste nichts von dem Einsatz, den ein Journalrichter in der Nacht genehmigt hatte, wie der Generalsekretär des Justizministeriums, Christian Pilnacek, später feststellte. Generalsekretär Goldgruber hingegen hatte der Staatsanwaltschaft mitgeteilt, dass die Cobra für den Einsatz ungeeignet sei, die EGS hingegen viel besser.

Goldgrubers Rolle wurde im BVT-Untersuchungsausschuss mehrfach beleuchtet. Schon deswegen, weil aus den offiziellen Aufzeichnungen, dem „Tagebuch" der Staatsanwältin Schmudermayer zitiert wurde, und zwar aus einem Gespräch, bei dem auch ihr Vorgesetzter, der Gruppenleiter Handler anwesend war. Schmudermayer schrieb das im offiziellen Tagebuch der Staatsanwaltschaft so auf: *„Goldgruber legt ein Konvolut vor und erklärt, dass er dieses von (Rechtsanwalt) Lansky erhalten habe"* (...) Goldgruber: *„Er habe vom Minister den Auftrag, das BMI aufzuräumen. Er ist der Meinung, das BMI ist derzeit so korrupt wie noch nie, und die Hauptprotagonisten der kriminellen Organisation im BMI haben es verstanden, die internen Strukturen so zu gestalten, dass sich die Macht in den Händen einiger weniger konzentriere."*

Goldgruber bezieht sich dann laut dem Tagebuch von Staatsanwältin Schmudermayer auf das 39-seitige Konvolut, von dessen Unrichtigkeit alle, die es kannten, überzeugt waren. Für Goldgruber „klinge die Darstellung des Anzeigers nicht unplausibel, er gehe davon aus, dass es jemand sei, der eventuell im Kabinett gewesen sei, jedenfalls BVT. Dort hat derjenige die größten Fach- und Namenskenntnisse."

Es ergibt sich also ganz klar: Kickl, der das Konvolut kannte, der auch gewusst haben muss, dass es ziemlich verbreitet war und dass kein Journalist darüber wegen der Unglaubwürdigkeit der Vorwürfe berichten wollte, hat mit Goldgruber versucht, genau dieses Papier für den Sturm auf das BVT als Begründung zu verwenden. Goldgruber im BVT-Untersuchungsausschuss: „Der Herr Innenminister wurde von mir mehrfach informiert, und zwar jeweils, nachdem eine bestimmte Aktivität geplant war, damit er Bescheid weiß. Ich habe ihn informiert darüber, dass ich dieses Konvolut erhalten habe, ich habe ihn informiert darüber, dass es einen Termin bei der Staatsanwaltschaft gibt – so wie es sich für mich als Mitarbeiter des Ministers meinem Empfinden nach gehört, dass der zuständige Vorgesetzte über Dinge, die sich in seinem Verantwortungsbereich ereignen, auf dem Laufenden gehalten wird."

Die Hausdurchsuchung war illegal

Die Hausdurchsuchung war illegal, das hatte schon das Oberlandesgericht Wien im August 2018 festgestellt. Im Juni 2019 kam noch der vorläufige Bericht des parlamentarischen Untersuchungsausschusses dazu, der sich ausführlich mit den Interventionen des Innenministeriums bei der WKStA beschäftigt. Der Verfahrensrichter Eduard Strauss äußert Kritik an der WKStA und am Innenministerium. Es „könne nicht von der Hand gewiesen werden, dass die Spitze des Innenministeriums versuchte, das Verfahren zu beeinflussen." Die „Interventionen" von Generalsekretär Goldgruber und dessen Mitarbeiter Udo Lett hätten „durchaus Einfluss auf das Ermittlungsverfahren genommen". Goldgruber und Lett haben ja die Zeugen für die Vernehmung in der Staatsanwaltschaft „vorbereitet". Auch Kickl war, wie Goldgruber vor dem Ausschuss aussagte, bei einer dieser „Anhörungen" persönlich anwesend. Stephanie Krisper, die für die Neos im U-Ausschuss saß: „Die Tatsache, dass die ersten drei Belastungszeugen in jenem Strafverfahren, welches zur Hausdurchsuchung beim BVT geführt hat, vorab vom Bundesminister, vom Generalsekretär und von einem Kabinettsmitarbeiter zum Teil mehrfach angehört wurden, ist rechtsstaatlich höchst bedenklich. Denn da ist es doch wohl bei diesen sogenannten Anhörungen zu einer Besprechung der Inhalte für die späteren Zeugenaussagen gekommen."

Auch die Wirtschafts- und Korruptionsstaatsanwaltschaft wird im Bericht des Verfahrensrichters Strauss kritisiert: Es habe „erhebliche Mängel in der Planung der Hausdurchsuchung gegeben", ein klarer Vorwurf an Staatsanwältin Ursula Schmudermayer, mitverantwortlich seien auch „Schmudermayers Gruppenleiter Wolfgang Handler sowie die Behördenleiterin Ilse Vrabl-Sanda gewesen".

Warum die der SPÖ nahestehende Leiterin der WKStA, Ilse Vrabl-Sanda, hier mitgespielt hat, ist unklar. ÖVP-nahe Beobachter vermuten ein Zusammenspiel von ihr mit dem SPÖ-nahen Anwalt Gabriel Lansky, der mit dem BVT noch eine Rechnung offen hatte. Der Verfassungsschutz hatte Daten, die Lansky gehörten.

Die Folgen der Aktion laut Verfahrensrichter Eduard Strauss: „Einerseits herrschte ein Klima des Misstrauens innerhalb des BVT, andererseits führte die Hausdurchsuchung zu einem massiven Vertrauensverlust bei den befreundeten ausländischen Partnerdiensten."

Stephanie Krisper (Neos) formuliert noch viel deutlicher folgenden Vorwurf gegen Kickl: „Der Innenminister hat am 7. September 2018 im Rahmen der Beantwortung der an ihn gerichteten Dringlichen Anfrage öffentlich die Unwahrheit gesagt. Er hat ja erklärt, die WKStA sei bereits am 20. Februar, also vor den Einvernahmen, über die Durchführung der sogenannten Anhörungen informiert worden." Staatsanwältin Schmudermayer hat vor dem Ausschuss klar gemacht, dass sie von diesen Anhörungen im Ministerium vor der Einvernahme bei ihr nichts wusste.

Die große Frage bleibt noch immer, was Kickl, Goldgruber und Co. eigentlich im BVT gesucht haben, oder ob es einfach nur um die Zerstörung des Verfassungsschutzes ging, den Kickl für einen Teil des „schwarzen Netzwerks" hielt. Sicher ist, dass neben anderen Unterlagen, die im Zusammenhang mit den Beschuldigten standen, auch Unterlagen und Daten bei der Chefin des Extremismusreferats Sybille G. überprüft wurden.

Was wurde wirklich im Zimmer der Leiterin des Extremismusreferats Sybille G. gesucht? Kontakte zwischen Rechten und der FPÖ? Musste deshalb das Konvolut ins Spiel gebracht werden, in dem auch diese Beamtin genannt wird? Sybille G. hatte Berichte über die FPÖ-nahe Internetplattform *unzensuriert.at* und den Kongress der Verteidiger Europas, auf dem Kickl sehr freundliche Grußworte zu den Rechtsextremen gesprochen hatte.

In Kreisen der Polizei, die nicht der FPÖ nahestehen, ist man sicher, dass die Kontakte zwischen FPÖ und Rechtsextremisten sehr intensiv waren, auch zu deutschen Gruppierungen. Der Chef der österreichischen Identitären, Martin Sellner, ist eng mit einigen FPÖlern, und er ist in seiner Bewegung in Deutschland hoch geachtet.

Der Überfall auf das BVT wurde auch als Revanche Kickls wegen der „Causa Liederbuch" gesehen. Da verdächtigte die FPÖ den Verfassungsschutz, er habe in den niederösterreichischen Landtagswahlkampf eingreifen wollen. Im Jänner 2018 hatte der *Falter* ein Liederbuch der Burschenschaft Germania, Wiener Neustadt, veröffentlicht, wo FPÖ-Spitzenkandidat Udo Landbauer stellvertretender Vorsitzender war. In dem Liederbuch sind erschreckende Texte abgedruckt, die die Opfer der Shoah verhöhnen. Landbauer musste zurücktreten, kam aber später zurück. Anhaltspunkte für den Vorwurf, der BVT sei involviert gewesen, gibt es nicht. Ein Beamter des Innenministeriums meinte, im BVT sei man noch viel schlimmeres Neonazi-Material gewohnt gewesen.

Ein anderer Verdacht: Kickl ließ nach dem „Ibiza-Video" suchen. Deshalb seien so viele Daten und DVDs mitgenommen worden. Strache und Gudenus müssen gewusst oder zumindest geahnt haben, dass sie dort gefilmt worden waren, und der „schwarze" BVT wurde von ihnen verdächtigt. Nach der Veröffentlichung des Videos war ja immer wieder davon die Rede, dass Geheimdienste involviert gewesen sein könnten.

Die Durchsuchung des Büros der Extremismusreferentin Sybille G. war durch die richterliche Genehmigung der Hausdurchsuchung jedenfalls nicht gedeckt, da es da keine Verdachtslage gab. Dennoch wurden auch in ihrem Zimmer Daten beschlagnahmt.

Der *KURIER* schrieb jedenfalls am 22. März 2019, dass statt der zunächst verlautbarten 19 Gigabyte bei allen Hausdurchsuchungen mindestens 40.000 Gigabyte beschlagnahmt wurden. Dazu wurden laut Protokoll sichergestellt: zwei Mobiltelefone, ein Computer, drei USB-Sticks, acht Floppy Discs, 397 Seiten Schriftverkehr, sowie 315 CDs und DVDs. Auch Passwörter und Handy-Codes mussten übergeben werden.

Dass diese Vorgänge international nicht nur in den Medien berichtet wurden, sondern vor allem von den anderen Geheimdiensten beobachtet wurden, war klar. Diese waren ohnehin schon sehr aufmerksam, weil sie die Nähe der FPÖ zu Russland und Wladimir Putin kannten und kritisch verfolgten. Der ehemalige Direktor des deutschen Bundesnachrichtendienstes BND erklärte in der *BILD*-Zeitung: „Bei einem Dienst, der seine sensiblen Geheimnisse und die Informationen und Quellen von Partner-Diensten nicht schützen kann, ist Vorsicht geboten." Das war sehr diplomatisch ausgedrückt.

Für Kickls engsten Vertrauten, Generalsekretär Peter Goldgruber, könnte der Untersuchungsausschuss noch unangenehme Folgen haben. Aus dem Bericht des Verfahrensrichters Eduard Strauss geht ziemlich eindeutig hervor, dass Goldgruber vor den Abgeordneten die Unwahrheit gesagt hat. Goldgruber hatte zunächst dementiert, im BVT nachgefragt zu haben, wo verdeckte Ermittler gegen Rechtsextreme im Einsatz waren. Später verweigerte er bei dieser Frage die Aussage. Strauss geht aber davon aus, dass diese Frage bei einer Besprechung am 29. Jänner 2018 gestellt wurde. Jedenfalls, so

Strauss, war es eine „nicht unerhebliche Überschreitung seiner Befugnisse."

Gut, dass es diesen Untersuchungsausschuss gegeben hat. Allerdings war schon lange vorher klar, dass Kickl und Goldgruber ihre Macht missbraucht hatten. Das muss auch die ÖVP gewusst haben, die ja im Innenministerium viele Vertraute hatte, das muss Sebastian Kurz gewusst haben, wenn er Zeitung gelesen hat. Und wir wissen, dass er das immer sehr intensiv getan hat. Am 29. Mai 2018 schrieb ich in einem Leitartikel unter dem Titel „Innenminister Kickl hatte es eilig mit dem Umfärben. Und sei es auf Kosten eines wichtigen Dienstes":

> „Grenzen sichern – Heimat schützen" hat die FPÖ plakatiert. Nun, seit Innenminister Herbert Kickl im Amt ist, werden die Grenzen des Anstands und vielleicht auch des Rechtsstaats nicht mehr gewahrt, und die Heimat ist in Gefahr. Die Art und Weise, wie das Bundesamt für Verfassungsschutz und Terrorismusbekämpfung (BVT) zunächst in Verruf gebracht wurde und nun zerstört werden soll, ist ohne Beispiel. (...) Ist das nur der Anfang? Wie bei den Regierungsverhandlungen sprechen FPÖ-Vertreter plötzlich wieder von „Heimatschutz". Experten vermuten dahinter einen Plan, und zwar den Versuch, die noch bestens funktionierenden Geheimdienste des Bundesheeres auch einmal unter die Führung eines „Heimatschutzministers" zu zwingen. Das könnte dann zu einer weitgehenden Abtrennung unserer Geheimdienste von befreundeten Organisationen im Ausland zur Folge haben. Die aufklärungswürdigen Vorgänge im BVT haben bereits dazu geführt, dass unsere Dienste skeptisch beäugt werden. Einige österreichische Medien berichten noch im Detail über die Vorgänge. Drohungen, das müsse verhindert werden, sind schon zu hören. (...)"

Wie wir im Medienerlass vom September 2018 gesehen haben, hat Kickl zu diesem Zeitpunkt schon eine Art Zensur durch Ausschluss gewisser Medien von Informationen vorbereitet. Und wenn in diesem Kommentar angedeutet wurde, dass *unsere Dienste skeptisch beäugt werden*", so war die Realität bereits schlimmer. Wie sich im U-Ausschuss auch herausstellte, wurde Österreich von Informationen westlicher Geheimdienste einfach abgeschnitten.

„Die Asche des BVT"

Der ehemalige BVT-Chef Gert-René Polli, der bei den Regierungsverhandlungen die FPÖ beraten hatte, sagte im Oktober 2018 im BVT-Untersuchungsausschuss: „Womit wir es hier zu tun haben, ist der vorläufige Höhepunkt einer Vertrauenskrise zwischen europäischen Nachrichtendiensten und den heimischen Behörden." Und weiter: „Der Ausschuss tanzt auf der Asche des BVT."

Inzwischen wissen wir aus gerichtlichen Entscheidungen und aus dem Ergebnis des BVT-Untersuchungsausschusses des Nationalrats, dass es keinen Grund für die Hausdurchsuchungen gegeben hat. Peter Gridling, der im Zuge der Ereignisse suspendiert worden war, wurde wieder installiert.

Nochmals zu dem Vermerk der WKStA, wo Goldgruber der Staatsanwältin darlegen wollte, dass „das BMI derzeit so korrupt [ist] wie noch nie" und der Generalsekretär auch von einer kriminellen Organisation sprach: War auch das Innenministerium so korrupt wie nie?

Ich habe sowohl Wolfgang Sobotka, der von April 2016 bis Dezember 2017 Innenminister war, als auch seine Vorgängerin Johanna Mikl-Leitner mit dieser Aussage konfrontiert. Warum sagen Sie dazu nichts, wollte ich wissen. Warum lassen Sie es sich gefallen, als Chefs eines korrupten Ministeriums bezeichnet zu werden? „Weil wir in der Regierung nicht streiten wollen", hieß es von beiden. Der Scheinfriede in der Koalition war also wichtiger als das Funktionieren des Innenministeriums und war auch wichtiger als das BVT vor der Zerstörung und der anschließenden Machtübernahme einer kleinen FPÖ-Clique zu retten. Und Bundeskanzler Sebastian Kurz hat ebenso zugesehen, immer unruhiger, wie man aus seiner Umgebung weiß, aber immer im Bewusstsein, dass das Ende von Kickl als Innenminister auch das Ende der Kanzlerschaft von Kurz bedeuten würde.

Die große Angst im Ministerium

Ein Klima der Angst – so wurde die Stimmung im Innenministerium am häufigsten beschrieben. Dafür gibt es viele Beispiele, die man erfährt, wenn man mit Polizisten spricht. Der bereits erwähnte Umgang mit dem Medienerlass war nur ein Beispiel. Bei missliebigen Beamten wurde jede Kleinigkeit sofort genutzt, um ein Disziplinarverfahren zu eröffnen. Beliebt war etwa die Kontrolle von Fahrtenbüchern. Wer ein Auto angefordert hat und in der durch den Einsatzfall gebotenen Eile nicht vorher alle Vorschriften einhielt, sondern erst nachher die Dienstreise eingab, konnte schon suspendiert werden, wenn er persönlich und farblich nicht genehm war. Generalsekretär Goldgruber konnte hier einen geradezu sadistischen Eifer entwickeln.

Kickl, der immer vom „schwarzen Netzwerk" sprach, baute sich vom ersten Tag an in unterschiedlichen Einheiten des Innenministeriums seine eigene Truppe auf. Der *KURIER* berichtete am 19. Juni 2019 von seiner geheimen Leibgarde, die offenbar ab Anfang 2018 aufgebaut wurde. Unter dem Titel „Verbindungsdienst Bundesregierung" wurden im Wiener Landesamt für Verfassungsschutz (LVT) drei Gruppen zu je fünf Beamten mit dem Aufgabenbereich „Schutz kritischer Infrastruktur" und „Schutz verfassungsmäßiger Einheiten" eingerichtet. Diese Polizisten, die ein Naheverhältnis zur FPÖ, zu Kickl oder zu Goldgruber haben mussten, wurden auch als Personenschützer für die FPÖ-Minister eingesetzt. Und zwar nur für die Politikerinnen und Politiker der FPÖ. Die drei Gruppenleiter sind Mitglieder der blauen Polizeigewerkschaft AUF, wo auch Goldgruber aktiv war. Von hohen Gehältern, bedingt durch exorbitante Überstunden ist in der Polizei die Rede.

Aber der misstrauische Innenminister hat auch im BVT „zwei Projekte gestartet", wie BVT-Chef Peter Gridling im Untersuchungsausschuss des Nationalrats berichtete. Die waren so geheim, dass Gridling von deren Inhalt nichts wissen durfte. Und hier wird es besonders absurd: Generalsekretär Goldgruber widersprach einerseits dieser Darstellung, auch Gridling habe von diesen Projekten gewusst, dann wieder erklärte er, dass manche Inhalte so eingestuft sein könnten, dass Gridling keinen Zugriff darauf hatte. Die Abteilung 6 im BVT wurde jedenfalls so konzipiert, dass die Loyalität der zwölf Beamten der FPÖ und dem Innenminister galt. Und Kickl hätte nicht davor zurückgeschreckt, diese Loyalität einzufordern.

Ein Beamter ist sich sicher, dass die Spezialeinheiten von Kickl auch nicht davor zurückscheuten, Bundeskanzler Kurz und andere ÖVP-Politiker zu observieren. Dazu gab es freilich keine schriftlichen Berichte.

„Es wurden vielleicht auch schon Journalisten observiert.". Und: „Ihr wärt sicher auch noch drangekommen", so ein Insider.

Misstrauen gegen die FPÖ wegen der Russlandnähe

Der Umgang Kickls mit dem BVT hatte zwei dramatische Konsequenzen, eine nach innen, wie sie eben beschrieben wurde, und eine nach außen. Nach innen wollte er seinen eigenen Polizeiapparat aufbauen, um vom Kanzler abwärts alle und alles zu kontrollieren. Das hätte zu einer massiven Destabilisierung des Staates und der Demokratie führen können. Kickl hätte jedenfalls die Möglichkeit dazu gehabt, manche Polizeieinheiten waren nur mehr von ihm und seinem Satrapen Goldgruber kontrolliert.

Gleichzeitig hat er durch seine Aktivitäten und die Nähe der FPÖ zu Russland die Sicherheit Österreichs massiv gefährdet. Wie alle informierten Personen inzwischen klar dargelegt haben, war der österreichische Geheimdienst von den Informationen der anderen Dienste in Europa abgeschnitten und ist es teilweise bis heute noch. Immerhin: Bei einer Terrorgefährdung wäre das BVT informiert worden. Aber westliche Geheimdienste waren sich einig, dass von Wien eine Gefahr ausgeht, und zwar dadurch, dass wichtige Informationen nach Russland gehen könnten.

Sicher ist, dass bei der Hausdurchsuchung sowohl sensible Daten über verdeckte Ermittler als auch über ausländische Geheimdienste mitgenommen wurden, etwa die sogenannte NEPTUN-Datenbank mit internationalen Erkenntnissen. Diese war noch dazu eine Zeitlang unbeobachtet, wie sich international auch herumgesprochen hat. Unmittelbar danach hatte es geheißen, es könne ausgeschlossen werden, dass Daten ausländischer Geheimdienste beschlagnahmt wurden. Das internationale Echo auf den BVT-Sturm war für Österreich und für das Funktionieren des Verfassungsschutzes jedenfalls verheerend.

Es ist unklar, inwieweit dem Bundeskanzler die Gefährdung Österreichs durch das Abschneiden von internationalen Erkenntnissen bewusst war. Sebastian Kurz sagte im *ORF*-Sommergespräch 2018, er habe mit Peter Gridling über die Folgen der Razzia gesprochen. Der BVT-Direktor habe ihm versichert, dass die „Kooperation mit den Partnern ungetrübt sei". Gridling konnte sich vor dem BVT-Untersuchungsausschuss aber nicht erinnern, dass er darüber länger mit Kurz gesprochen habe. Die Situation war jedenfalls nach der Razzia so prekär wie nie zuvor in seiner zehnjährigen Amtszeit.

Überhaupt kann einem die Vernehmung des damaligen Bundeskanzlers vor dem Ausschuss Sorgen machen. Mehrfach sagt er, er habe über die Vorkommnisse im BVT „aus den Medien" erfahren. Dass Kickl zumindest eine Belastungszeugin persönlich vor deren Einvernahme getroffen hat, wusste Kurz nicht, obwohl es überall zu lesen war. Kurz hat dieses wesentliche Detail „anscheinend leider Gottes" nicht gelesen. Immerhin: „Das ist ein interessantes Detail, aber ich habe es bis jetzt nicht gewusst." Rechtsstaat, Gewaltenteilung – Fehlanzeige.

Herbert Kickl will auch nach dem Ende der Regierung nicht akzeptieren, welcher Schaden in Österreich und bei den internationalen Kontakten angerichtet wurde. Er bleibt bei seiner Geschichte und erklärte in einer Presskonferenz am 1. Juli 2019, Teile des BVT seien als „eine Art ÖVP-Geheimdienst" geführt worden. Und wie so viele „starke Männer" spielt auch Kickl das Opfer: Es gäbe einen „ideologischen Feldzug gegen ihn", beklagte er bei dieser Pressekonferenz. Der Kärntner will wieder Innenminister werden, um sein Werk zu vollenden. Sebastian Kurz hat zwar erklärt, er werde im Falle einer künftigen Koalition mit der FPÖ Kickl nicht mehr als Innenminister akzeptieren. Aber auch Kurz muss klar sein, dass jeder andere FPÖ-Minister mit Kickls Unterstützung dessen Werk fortsetzen würde.

Die nächste Regierung wird sich sehr ernsthaft mit der Frage beschäftigen müssen, wie der BVT organisiert werden muss. Ob als Geheimdienst, der auch vorausschauend Observationen vornimmt, oder als gemischte Einheit aus Polizei und Geheimdienst. Vor allem aber: Wie wird ein solcher Dienst kontrolliert? Da wird sich das Parlament zu Wort melden müssen. Der Justizminister der Übergangsregierung, Clemens Jabloner: „Die BVT-Geschichte war kein Ruhmesblatt für die gesamte

Vollziehung. Sie hat zu einer Destabilisierung geführt, was ich sehr bedauerlich finde. Ich glaube aber, dass der Rechtsstaat in Österreich stark genug ist, um das verarbeiten zu können." Ja, wenn der Rechtsstaat von allen anerkannt wird und die neue Regierung alles tut, um wieder einen stabilen Verfassungsschutz zu errichten. Und alle im Land verstehen, welcher Schaden hier angerichtet wurde.

Kickls schleichender Putsch? Das Fragezeichen in der Überschrift zeigt, dass der endgültige Plan des Innenministers mit den bei Erregung flackernden Augen noch immer nicht ganz klar ist. Was wollte er? Ganz sicher hatte er damit begonnen, Polizeieinheiten aufzubauen, die ihm loyal ergeben sind und nicht der Republik Österreich. Wenn er genügend Zeit gehabt hätte, wäre ihm das in größerem Ausmaß gelungen. Und das hätte die Demokratie in Österreich nachhaltig beschädigt.

Kickl hat ja bereits enormen Schaden angerichtet. Die FPÖ spricht gerne von Heimatschutz, ja wollte dieses Wort sogar in die Bezeichnung des Innenministeriums einbauen. In Wirklichkeit sehen wir eine Partei, die von Männern dominiert wird, die sich in ihren Buden dem „deutschen Volk" verpflichtet fühlen, Buden, in denen antisemitisches Material gefunden wurde. FPÖ-Politiker teilen auf Facebook regelmäßig unmenschliche und antisemitische Einträge. Manche pflegten die besten Kontakte zu den Identitären. Die FPÖ wollte – „Zack-Zack-Zack" – ein autoritäres System à la Orbán aufbauen, wie ihr Parteichef in Ibiza erzählte, und sie hat mit Putins Partei ein Kooperationsabkommen abgeschlossen. Wir haben in der kurzen Zeit von nur 17 Monaten gesehen, was es bedeutet, dieser FPÖ die Sicherheit Österreichs anzuvertrauen – die Zerstörung einer wesentlichen Einrichtung wie das BVT und die Beendigung internationaler Kontakte, die für uns lebenswichtig sind. Und diesen „Mastermind" hat die ÖVP zum Innenminister gemacht. Kickl will das wieder werden. Noch sagt die ÖVP Nein dazu. Aber auch ein ihm Ergebener könnte sein Werk fortsetzen.

9. „Einzelfälle" –
das Innerste der FPÖ

Die beiden blau-schwarzen Regierungen unter Bundeskanzler Wolfgang Schüssel hinterließen eine Menge Anklagen und Gerichtsverfahren, die zum Teil noch heute nicht abgeschlossen sind. Einige Betroffene sind in der Zwischenzeit verstorben.

Grasser, Hochegger, Meischberger, Rumpold, Telekom, Eurofighter sind nur einige Namen von Personen aus dem Umfeld der FPÖ beziehungsweise von Unternehmen, denen dubiose Zahlungen vorgeworfen werden. Als Sebastian Kurz und Heinz-Christian Strache einander das Wort für zumindest fünf oder – aus ihrer Sicht – im Idealfall auch zehn Jahre gaben, lag der Verdacht nahe, dass diese Regierung am ehesten an der Nähe einiger FPÖ-Funktionäre zum Nationalsozialismus oder zu rechtsextremen Organisationen scheitern würde. Und tatsächlich tauchte ein sogenannter Einzelfall nach dem anderen auf, dann kam auch noch die offensichtliche Nähe zu den Identitären dazu. Das alles musste Bundeskanzler Kurz „aushalten und auch vieles in Kauf nehmen", wie er, auf Mitleid hoffend, am 18. Mai 2019 in seiner Erklärung zum Ende der Koalition betonte. Das Wort „aushalten" kann man ja noch verstehen. Aber was wollte uns Kurz sagen, als er meinte, er musste die rechtsextremen Ausfälle der FPÖ „in Kauf nehmen"? Hat er denn von Beginn an damit gerechnet? Hat er das alles „eingepreist", wie es an der Börse heißt, in den Preis seiner Macht? Diesen Preis hat dann ganz Österreich bezahlt. Unternehmer und Vorstände, die im Ausland tätig sind, haben regelmäßig erzählt, dass sie im Ausland auf die Aktivitäten der FPÖ angesprochen wurden, am Ende eben auf das „Ibiza-Video".

Dass dann aber dieses Video, das nun die Staatsanwaltschaft wegen Korruptionsverdachts untersucht, das furiose

Finale auslösen würde, hatte so niemand erwartet. Aber diese Einzelfälle musste nicht nur Kurz „aushalten", sie haben ganz Österreich geschadet, weil sie regelmäßig zu negativer Berichterstattung in den internationalen Medien führten.

Stimmungsmache zur Ausgrenzung von Ausländern

Auch das hat sich in diesen 17 Monaten in Österreich verändert: Insbesondere in den sozialen Medien wurde eine Stimmung verbreitet, die ganze Gruppen von Menschen und ihre Rechte abwertete, die Boshaftigkeit und Niedertracht auslöste und leider auch eine Verharmlosung der nationalsozialistischen Verbrechen bezweckte. Und wer das kritisierte, wurde sofort beschuldigt, schon wieder die Nazikeule auszupacken. Als ob diejenigen zu kritisieren wären, die auf den immer öfter an die Oberfläche geratenen Nazidreck aufmerksam machten.

Dazu passte die Verbreitung eines Menschenbildes über die Sozialen Medien, das man nur als rassistisch bezeichnen kann. Wer sich dazu bekannte, Flüchtlingen helfen zu wollen, dem wurde mit offener Feindschaft begegnet. Nicht selten wurde zur Vergewaltigung von Frauen aufgefordert, die sich für Ausländer einsetzten. Der Wunsch, dass Flüchtlinge im Mittelmeer ertrinken sollten, war auf vielen Websites präsent. Nicht, dass immer nur FPÖ-Funktionäre diese Hetzartikel geschrieben haben, das war oft genug auch der Fall, aber die Regierung förderte insgesamt diese feindliche Stimmung durch permanente Ausgrenzung von Menschen anderer Herkunft, anderer Hautfarbe und anderer Religion.

Diese sukzessive Veränderung der gesellschaftlichen Stimmung in Österreich hat die Regierung Kurz/Strache/Kickl jedenfalls bewirkt, das müssen die handelnden Personen auch mitbekommen haben. FPÖ-Politiker haben die Verrohung der Sprache gefördert, indem sie selbst die schlimmsten Postings auf Facebook auch noch geteilt haben, und Kurz und Co. haben geschwiegen, auch wenn das gar nicht vornehm war.

Denn da ging es nicht nur um „hässliche Bilder", die Kurz schon im Jänner 2016 im Gespräch mit der *Welt* in Kauf genommen hatte, da ging es um tiefe Veränderungen in Österreich. Nicht für jeden Bürgerlichen, aber für diese vor allem war unverständlich: In der einst vom christlichen Menschenbild und der katholischen Soziallehre geprägten ÖVP fand sich die längste Zeit niemand, der sich kritisch äußern wollte.

Franz Fischler, der Präsident des Forum Alpbach, früher ÖVP-Landwirtschaftsminister und EU-Kommissar, sagte am 6. Mai 2019 immerhin im *Standard*: „Ich lehne es ab, Herrn Kickl als Repräsentanten Österreichs zu akzeptieren." Er wehrte sich auch dagegen, dass „nationalistische bis rechtsextreme Rülpser" als Österreich dargestellt werden. Fischler monierte, eindeutig in Richtung ÖVP: „Es stört mich, dass man dagegen so wenig unternimmt." Bei diesem Interview vor der EU-Wahl meinte Fischler auch, dass der FPÖ-Kandidat Vilimsky *„die EU zerstören"* wolle. Klare Worte, die in der ÖVP wenig Widerhall fanden. Wahrscheinlich wurde er intern sogar dafür kritisiert, so nach dem Motto, das man an dieser Stelle hörte: „Das kannst du dem Sebastian nicht antun." Es hatte sich ja nicht nur die Gesellschaft verändert.

Verantwortliche Personen des öffentlichen Lebens, wie etwa der Präsident der Caritas, Michael Landau, haben darauf aufmerksam gemacht. Landau zu Weihnachten 2018: „Mit Sorge beobachten wir einen Klimawandel in unserem Land. Der Ton wird rauer, das Klima kälter. Ich habe den Eindruck, hier ist der gesellschaftliche Wertekompass ein Stück weit abhandengekommen oder verrutscht". Und Landau weiter in Richtung Politik: „Ich habe den Eindruck, die Bundesregierung ist hier erstaunlich weit weg von der Lebensrealität armutsbetroffener Menschen. Da gibt es schwere Empathie-Defizite in diesem Bereich." Mangelnde Empathie, das war ein häufiger Befund von

Gesprächspartnern, die ins Kanzleramt gebeten worden waren, in der Hoffnung, sie würden nur lobende Worte mitbringen.

Wenn Landau sich kritisch äußerte, folgten unmittelbar schwere Attacken der FPÖ gegen die Caritas und andere Hilfsorganisationen. „Profitgier" und „Asylindustrie" hieß es aus der FPÖ. Die ÖVP und ihr Vorsitzender schwiegen. Dafür wollte Kurz zu Weihnachten 2018 unbedingt Fotos und Interviews mit Landau und Kardinal Christoph Schönborn. Doch solche Interviews verweigerten die Vertreter der katholischen Kirche, wie man hörte. Wohl mit Recht. Denn auch hier ging es dem Kanzler wieder nur um die Inszenierung. Die Caritas in Schutz genommen hat Kurz nicht, auch hier war der selbstverordnete Auftrag „Nicht streiten" wichtiger als der Beweis von Anstand.

Ich schreib damals in einem Leitartikel am 28. Dezember 2018:

„NGO-Wahnsinn"– dieser Begriff stammt von Bundeskanzler Kurz, der damit im Vorjahr Rettungsaktionen im Mittelmeer kritisierte. „Profitgier" wirft FPÖ-Klubobmann Gudenus nun der Caritas vor. Die Caritas betreibe „ihr Geschäftsmodell auf Kosten der Steuerzahler". Das sagt ausgerechnet ein Politiker, der so gut wie sein ganzes Leben vom Steuerzahler finanziert wird. NGO ist die Abkürzung für Non-governmental Organisation, ein weiter Begriff. Aber er enthält einen Kern, der auch die Anfeindungen von rechts erklärbar macht. Wer nicht von der Regierung abhängig ist, wer ohne Angst kritisieren kann, ist autoritär denkenden Politikern verdächtig. Starke NGOs sind nicht kontrollierbar. (...) Natürlich kann man von einer idealen Welt träumen, in der der Staat alles übernimmt und NGOs nicht mehr notwendig wären. Aber wäre diese Welt wirklich ideal? Zivilgesellschaftliche Organisationen – und dieses Wort ist schon besser als NGO – können eine perfekte Ergänzung zum Staat sein. Als Kontrolle, oder auch als Ersatz, wenn eine Regierung versagt oder kein Geld hergeben will. Es gibt eben Menschen, die sich lieber in der Zivilgesellschaft engagieren als in einer Partei. Beides gehört zur Demokratie, aber die funktioniert nur, wenn alle Gruppen der Gesellschaft einander akzeptieren. (...)"

Ich möchte nicht in einem Land leben, wo Caritas, Diakonie und andere an den Rand gedrückt werden, oder dumpfer Antisemitismus einfach so ausgepackt wird, ohne dass die Regierung sofort dagegen aufsteht.

Neo-Nazis und alter Antisemitismus

Aber zurück zu den sogenannten Einzelfällen, die man gar nicht in ihrer Gesamtheit aufzählen kann. Es waren zu viele, und sie waren zu schrecklich für ein Land mit unserer Geschichte rund 80 Jahre nach dem „Anschluss" und dem Überfall Hitlers auf Polen, dem Beginn des Zweiten Weltkriegs.

FPÖ-Funktionäre und ihre Nähe zum nationalsozialistischen Gedankengut, das ist eine lange Geschichte und hat viel mit den Anfängen der Freiheitlichen zu tun. Diese Geschichte will kein Ende finden.

Dass die Regierung Kurz ein Problem mit rechtsextremen Funktionären oder gar solchen mit Näheverhältnis zu Neonazis bekommen würde, war schon während der Regierungsverhandlungen klar. Andreas Bors, Tullner FPÖ-Chef, sollte im November 2017 Mitglied des Bundesrates werden. Bors hatte sich als 17-Jähriger mit dem Hitlergruß eindeutig wiederbetätigt, die Staatsanwaltschaft hat das aus formalen Gründen nicht untersucht – Verjährung. Die FPÖ hat ihm später verziehen. Jugend, Alkohol und so, man kennt das ja, also zumindest in gewissen Kreisen. Aber warum wurde jemand, dessen Foto mit gestrecktem rechten Arm nach einer Veröffentlichung jeder in Österreich kannte, für die Länderkammer nominiert? Und warum kann sich die FPÖ nicht endlich von solchen Typen glaubhaft distanzieren? Sie wollen Österreich regieren, erzählen sie uns, gar „die Heimat schützen", aber warum nicht vor solchen Typen? Herr Bors hat sich am späten Abend des 15. November 2017 zurückgezogen. Er bewahrte damit den niederösterreichischen Landtag, der ihn als Mitglied des Bundesrates bestellt hätte, davor, eine Entscheidung treffen zu müssen.

Aber Bors hat sich Strache als Vorbild genommen. Jugendsünden, na und? Und so kandidiert der Mann mit dem Hitlergruß bei der Nationalratswahl im September 2019 im Wahlkreis Niederösterreich Mitte auf Platz 3. Selbst schuld, wer sich noch wundert.

Schon wenige Wochen nach dem Antritt der Regierung Kurz/ Strache ging es weiter mit Nazi-Anspielungen, Verharmlosungen der schlimmsten Verbrechen und Aufforderungen zu Gewalttaten. Es kann in diesem Rahmen nur ein kleiner Ausschnitt gebracht werden. Und stets hörten wir aus der ÖVP wieder nur: „Wir wollen nicht streiten." Die ÖVP war einmal eine christlich-sozial geprägte Partei, einige ihrer Gründungsmitglieder wie der Bundeskanzler und Staatsvertrags-Außenminister Leopold Figl haben die Konzentrationslager der Nazis nur knapp und körperlich schwer beschädigt überlebt. Die Türkisen aber beutelten sich nur kurz ab, wenn wieder eine unerträgliche Nazi-Anspielung von einem FPÖ-Funktionär kam. Diese waren oft primitiv, so wie die WhatsApp-Nachricht des Bezirksobmanns der FPÖ-Imst, Wolfgang Neururer, der Hitler-Bilder an Parteifreunde verschickte mit folgendem Text: „Vermisst seit 1945, Adolf, bitte melde dich! Deutschland braucht dich! Das Deutsche Volk!"

Der „Narrensaum", wie sich die FPÖ-Führung in solchen Fällen stets schulterzuckend entschuldigt, bringt bald die Regierung in Verruf. Arndt Praxmarer wiederum, ein deutschnationaler Burschenschafter, untergebracht im Kabinett des angeblich gemäßigten Infrastrukturministers Norbert Hofer, freut sich über eine Facebook-Seite einer Gaststätte im deutschen Bundesland Thüringen, die den Geburtstag Adolf Hitlers feiert. Jedes Jahr am 20. April sind gewisse FPÖ-Funktionäre in Gefahr, ihre politische Einstellung öffentlich zu machen.

Sehr schnell nach Beginn dieser Regierung war klar, dass die FPÖ auf Grund des ihr nahestehenden Personals sich und die gesamte Bundesregierung in Verlegenheit bringen wird. Die Spitze der FPÖ sprach dann, wie gesagt, vom „rechten Narrensaum". Was für eine Verharmlosung. Diese Neonazis wussten was sie taten, und die FPÖler, die das entschuldigten ebenso. Sie reichten freilich oft auch in akademische Kreise.

Mein Kommentar dazu im „Weckruf" vom 1. Februar 2018:

Jetzt verkommen die Leuchtturmprojekte im rassistischen Quatsch. Die FPÖ wollte einen Professor Kuich, der sich wie sein vergessenes Vorbild Otto Scrinzi mit Eugenik beschäftigt, in einen Uni-Rat entsenden. Das hat die ÖVP verhindert, und ein paar andere rechtsextreme Besetzungen dazu. Das Bildungsministerium arbeitet hier durchaus aufmerksam. Gut so. Schade, dass wichtige Projekte des professionell agierenden Jungpolitikers Heinz Fassmann in den Hintergrund treten. Eine Frage, die vor dieser Regierungsbildung gestellt wurde, beantwortet sich inzwischen von selbst: Hat die FPÖ genügend Personal für die vielen wichtigen Posten? Ja, aber sie sind alle Burschenschafter, gehören also einer kleinen Gruppe von rund 4000 Männern an, die Österreicher als Teil des deutschen Volks oder

Volkstums sehen. Und dann zum Teil sehr zweifelhafte
Thesen verfolgen. Anderen Menschen vertrauen Strache und Co. offenbar nicht.

Am 7. Februar 2018 bezeichnet eine Tullner FPÖ-Funktionärin
Flüchtlinge als „Untermenschen", eine klassische Formulierung der Nazis. Schon 2014 hatte der niederösterreichische
FPÖ-Abgeordnete Christian Höbart Flüchtlinge als „Erd – und
Höhlenmenschen" verhöhnt. Derselbe Höbart hielt im August
2018 in einem Supermarkt in Guntramsdorf drei junge Männer
fest und beschuldigte sie des Ladendiebstahls. Sie hatten freilich nichts gestohlen. Es ging immer um Dasselbe: Stimmung
gegen Ausländer machen, egal wie. Und die ÖVP? Kein kritisches Wort über solche Methoden war zu hören.

Antisemitische Anspielungen tauchen bei der FPÖ traditionell auf. Die Freiheitlichen waren ja lange Zeit stolz auf den
Wiener Landtagsabgeordneten David Lasar, der für die FPÖ,
vor allem auch für Parteiobmann Strache regelmäßig Termine bei rechtsgerichteten Politikern und Organisationen in Israel organisiert hatte. Aber selbst dem leidgeprüften Lasar,
Gemeinderat ab 2005 und seit 2016 Abgeordneter zum Nationalrat, wurde es zu schlimm. Er trat Mitte Juni 2019 aus der
Partei aus, als Grund nannte er die neuerliche Kandidatur des
„rechtsextremen Martin Graf". Graf war einmal 3. Präsident
des Nationalrats, warum Lasar so spät auf die Gesinnung des
Burschenschafters der einschlägig bekannten Verbindung
Olympia aufmerksam wurde, ist nicht bekannt.

Die Anbiederung der FPÖ an Israel –
und Hetze gegen Soros

Heinz-Christian Strache hat sich jahrelang um die Anerkennung seiner Person in Israel bemüht. Dass er bei einem Besuch

der Holocaust-Gedenkstätte Yad Vashem im Dezember 2010 mit einer „Biertonne", der Kappe der Burschenschafter, sein Haupt bedeckte, hat dabei nicht geholfen, obwohl ihn damals auch David Lasar verteidigte, schließlich sei auch Theodor Herzl Korpsstudent gewesen

Als es um die Übersiedlung der von George Soros gegründeten Central European University nach Wien ging, weil Soros in Ungarn seit Jahren mit einer antisemitischen Kampagne verfolgt und die Existenz der Universität in Budapest gefährdet waren, wurde auch Strache mit einem antisemitischen Code auffällig. Er sprach sich gegen eine „Wanderuniversität" aus. Das Wort gibt es gar nicht, es gibt nur die Karikatur vom ewig wandernden jüdischen Volk. Aber Strache wusste, dass dieser Code bei seinen Anhängern schon gut ankommen würde.

Diese Anspielungen und Codes ziehen sich durch die Auftritte von FPÖ-Politikern. Jörg Haider war da schon sehr erfahren, im Bierzelt fragte er, wie der damalige Präsident der israelitischen Kultusgemeinde Ariel Muzicant nur diesen Vornamen haben könne, ein Mann der „so viel Dreck am Stecken" habe. Das hat sich angeblich Herbert Kickl für seinen damaligen Herrn und Meister ausgedacht. FPÖ-Generalsekretär Harald Vilimsky sprach anlässlich der amerikanischen Immobilienkrise von den „Zockern von der Ostküste" – genau diese Ostküste diente auch schon Haider als Grundlage für seine Ausfälle.

Im Juni 2016 spielte der FPÖ-Abgeordnete Johannes Hübner, von Beruf Rechtsanwalt, in einem Vortrag für die in Deutschland als rechtsextrem eingestufte „Gesellschaft für freie Publizistik" (GfP) mit antisemitischen Codes. Hans Kelsen, den Architekten der österreichischen Verfassung, bezeichnete Hübner dort als „eigentlich Hans Kohn, aber er hat sich Kelsen genannt". Das Publikum fand das wahnsinnig lustig, Hübner auch. Er wollte mit der übrigens fälschlichen Verwendung des Namens „Kohn" auf die jüdische Herkunft Kelsens hinweisen. Jüdisch klingende Namen als Hassobjekte zu verwenden ist nicht neu, das haben die Nazis gemacht und das machen Neo-Nazis. Hübner trat zurück, nicht ohne die übliche Klage, nur ein Opfer zu sein, nämlich einer „Totschlagkampagne" und einer „beinharten Zerstörungsstrategie".

Gudenus will anders als sein Vater sein

Der freiheitliche Klubobmann und Vertraute von Parteichef Strache, Johann Gudenus, kam im April 2018 sogar mit einer neuen Begriffsschöpfung, um mit antisemitischen Vorurteilen zu spielen. Es gebe „stichhaltige Gerüchte", wonach der aus Ungarn stammende George Soros daran beteiligt sei, „Migrantenströme nach Europa zu unterstützen." Der abseits von Videos durchaus gebildet wirkende Gudenus meinte, er glaube nicht, dass „die Massenmigration zufällig in dem Ausmaß passiert ist". Und weiter: „Es gibt auch diverse Papiere in der EU, die zeigen, dass das stattfinden soll." Wo er denn die Papiere gesehen habe? Gudenus: „Ich habe von stichhaltigen, sich verdichtenden Gerüchten gesprochen."

Das alles ist nach dem Sommer 2017 auf Ibiza, aber vor dem Bekanntwerden des Videos passiert. Seither wissen wir, dass sein Spitzname „Joschi" ist, eigentlich die Abkürzung für Josef.

Der 1976 geborene Sohn des bereits verstorbenen früheren FPÖ-Mandatars John Gudenus hat sich einmal in einem *KURIER*-Interview von seinem Vater abgegrenzt: „Ich bin kein Klon meines Vaters." Das war ihm wichtig, weil Vater John Gudenus, auch einmal FPÖ-Abgeordneter, im Jahr 2006 wegen Leugnung des Holocaust verurteilt worden war. Sohn Johann, nach einem Studium in Moskau des Russischen mächtig, war hingegen stolz darauf, dass er im April 2017 das Nazi-Vernichtungslager Maly Trostinec im heutigen Weißrussland besucht hat. Dort waren rund 60.000 Menschen ermordet worden, davon über 10.000 Juden aus Österreich, nur 17 überlebten. Gudenus junior wollte ein eigenes Denkmal für die Wiener Opfer errichten lassen. Eine gute Idee. Heute müssen wir davon ausgehen, dass das nur eine Show im Zuge der Vorbereitungen für einen Regierungseintritt der FPÖ war.

Gudenus war es auch, der einen Lehrling, der mit Bundespräsident Alexander van der Bellen fotografiert wurde, als Terrorsympathisanten bezeichnete. Als sich herausstellte, dass Gudenus die Unwahrheit gesagt hatte, war er zu keiner Entschuldigung bereit.

Gegen Johann Gudenus ermittelt die Staatsanwaltschaft mittlerweile wegen Verhetzung. Der ehemalige Klubobmann ist nach seinem Rücktritt nicht mehr durch die Immunität eines Abgeordneten zum Nationalrat geschützt. Vorher hatte die ÖVP noch geholfen, und das, obwohl Gudenus mit der Teilung des sogenannten „Ali-Videos" wieder mit tiefem Rassismus aufgefallen war. Das Video wurde im November 2018 auch auf FPÖ-TV ausgestrahlt, passenderweise, während die Regierung gerade eine Enquete zu Hass im Netz abhielt. Hier wurden generell Ausländer – Ali und Mustafa – als Sozialbetrüger verunglimpft. Immerhin: Strache wollte nach diesem Video, wie er erklärte, dem zuständigen Mitarbeiter die „dunkelgelbe Karte" zeigen. Die „Qualitätssicherung" habe halt leider versagt.

Die FPÖ und ihr ganz normaler Rassismus

Sie versagte oft, etwa bei der FPÖ Vöcklamarkt. Sie zeigte auf ihrer Facebook-Seite eine blonde Frau mit der Unterschrift:

„Schütze Deine Rasse, es ist das Blut Deiner Ahnen." Die Nazis hätten es nicht anders gemacht. Den Bericht des *Standard* kommentierte der burgenländische FPÖ-Funktionär Bernd Babisch auf *oe24*: „Wo ist das Problem? Bei jeder seriösen Zucht von Tieren wird darauf geachtet, dass nichts vermischt wird." Babisch ist dann aus der FPÖ ausgetreten.

Ebenfalls aus der FPÖ ausgetreten ist ein Pinzgauer FPÖ-Funktionär, der auf Facebook das französische Fußballnationalteam als „Kongoaffen" beschimpft hatte.

Die Familie der stellvertretenden Bezirksvorsteherin der Inneren Stadt, Mireille Ngosso, stammt tatsächlich aus dem Kongo, die SPÖ-Politikerin ist Ärztin. Kein Hinderungsgrund für rassistische Kommentare einer weit weniger gut ausgebildeten FPÖ-Politikerin. Eine Tiroler Landtagsabgeordnete namens Evelyn Aichhorner fragt in den Sozialen Medien: „Frau oder Mann?"

Ein Beispiel für Rassismus in der rechtsextremen Zeitschrift *Aula:* Der vom *ORF* für den Songcontest nominierte Cesar Sampson wird als „Quotenmohr" verunglimpft. Die FPÖ hatte dort mit viel Geld Inserate bezahlt, das werde man einstellen, so Vizekanzler Strache.

Ein besonderes Kapitel der Beweisführung, dass mit der FPÖ kein Staat zu machen ist, ja nicht einmal ein Bundesland mit ihr ohne Friktionen regiert werden kann, heißt Gottfried Waldhäusl. Dafür gibt es viele Beispiele. Im Juni 2018 verlangt er: „Wer koscheres Fleisch kaufen will, muss sich registrieren lassen." Gläubige Juden und Muslime sollten sich ausweisen, wenn sie Fleisch von geschächteten Tieren kaufen wollen, wünschte sich der Landesrat. Waldhäusl schreckte auch nicht vor einem bekannten Ausdruck der Nazis zurück: Er wolle eine „Sonderbehandlung" für „integrationsunwillige Asylwerber" einführen, kündigte er im Dezember 2018 an. So umschrieben die Nationalsozialisten die Ermordung von Menschen.

Das Rattengedicht

Ausgerechnet die Stadt Braunau am Inn machte im April 2019 wieder internationale Schlagzeilen. Diesmal ging es nicht um Hitlers Geburtshaus, sondern um ein eindeutig rassistisches Gedicht im Parteiblatt der örtlichen FPÖ. Christian Schilcher, immerhin Vizebürgermeister der oberösterreichischen Stadtgemeinde, veröffentlichte das „Rattengedicht". Der Titel heißt „Stadtratte", ein „Nagetier mit Kanalisationshintergrund". Es geht um rassistische Vergleiche zwischen Mensch und Tier. Der FPÖ-Vizebürgermeister versteht die Aufregung nicht, tritt aber nach heftigen Interventionen aus der Wiener FPÖ-Zentrale zurück. Wieder ist ein Einzelfall zu Ende, und jeder wusste, dass der nächste kommen wird.

Das wusste auch der damalige Bundeskanzler Kurz. Während er oft der eigenen Anordnung, nicht streiten zu wollen, folgend schwieg, äußerte er sich hier deutlich: „Die getätigte Wortwahl ist abscheulich, menschenverachtend sowie zutiefst rassistisch und hat in Oberösterreich sowie im ganzen Land nichts verloren. Es braucht sofort und unmissverständlich eine Distanzierung und Klarstellung durch die FPÖ Oberösterreich. Hier darf nicht weggeschaut werden, sondern müssen klar Grenzen gezeigt werden." Kurz zeigt aber keine Grenzen auf, er macht weiter Augen und Ohren zu.

Mein Leitartikel im *KURIER* am 5. April 2019 fasste einiges zusammen:

> Kurz-Schluss: „Nichts sehen, nichts hören".
> Sebastian Kurz beschäftigt seit Jahren viele Mitarbeiter damit, die Medien genau zu beobachten, um stets entsprechend zu reagieren. Da ist es undenkbar, dass in seiner Umgebung niemals von der Nähe gewisser FPÖ-

Funktionäre und Mitarbeiter zu rechtsextremen Organisationen oder Medien gesprochen wurde. (...) Auch muss der Kanzler gewusst haben, dass FPÖ-Generalsekretär Kickl im Oktober 2016 sich über Identitäre beim Kongress der „Verteidiger Europas" in Linz freute. Er hat ihn trotzdem als Innenminister akzeptiert. (...) Seine Erregung, erst jetzt, nach der Spende des Terroristen an die Identitären die Zusammenhänge zu sehen, ist nicht glaubwürdig.

Dabei geht es nicht nur um organisatorische Verbindungen. Kurz muss auch beobachtet haben, dass die Argumentationslinien im rechten bis rechtsextremen Lager immer gleich verliefen. FPÖ-Klubobmann Gudenus kannte „stichhaltige Gerüchte", wonach George Soros die „Massenmigration nach Europa" mitorganisiert habe. In rechtsextremen Medien wird Soros unverblümt antisemitisch attackiert. Eine Website im FPÖ-Umfeld fragte: „Ist Kurz von Soros finanziert?" Inzwischen wird dort in Postings der Chef der Identitären statt Kurz als Kanzler verlangt.

(...) Es dürfen keine Parallelgesellschaften entstehen, alle müssen Deutsch lernen, islamische Mädchen müssen turnen gehen, Lehrerinnen und Lehrer brauchen viel mehr Unterstützung. Und so weiter. Aber Integration muss man wollen, und ein Teil der internationalen Rechten bekämpft diese. Auch das sollte der Kanzler schon länger verstanden haben.

Darauf hat Sebastian Kurz bis heute keine Antwort geben können: War ihm nicht klar, dass so vieles an antisemitischen und neonazistischen Ausfällen auf ihn zukommen würde? Und warum hat er nicht von Anfang an rote Linien eingezogen?

Strache und die Holocaust-Leugner

Das Internet ist voll von absurden Seiten mit allen nur denkbaren Verschwörungen, Antisemitismus spielt dabei eine große Rolle. Das müsste auch ein österreichischer Vizekanzler irgendwann verstanden haben, sollte man glauben. Aber Heinz-Christian Strache schaute nicht so genau hin, wenn ihm auf Facebook wieder einmal etwas besonders gut gefiel. Auf der Website *Zaronews*, die den Holocaust als „größte Lüge" und Adolf Hitler als „Retter" bezeichnet, tauchte plötzlich ein Posting Straches auf. „Nein, ich lasse mich sicher nicht mundtot machen", so kommentierte er einen Beitrag, in dem es um eine Anzeige eines Vertreters der islamischen Glaubensgemeinschaft ging, der gegen Strache Anzeige wegen Verhetzung erstattet hatte.

Strache war auf diese Website hereingefallen, weil FPÖ-Funktionäre hier immer wieder aktiv waren. FPÖ-Generalsekretär Christian Hafenecker aber fand eine gute Erklärung, warum Strache bei den Holocaust-Leugnern unterwegs war: „Zu dem Zeitpunkt, als dieses Posting gemacht wurde, war keine dementsprechende Aussage auf dieser Homepage ersichtlich." Die Nazis hatten offenbar gerade Pause.

Auch auf der Website *Metapedia* ist sofort zu erkennen, wer dahinter steckt – Neonazis. Da wird eine Mischung aus Revisionismus und Nazi-Verehrung mit der unverkennbaren Diktion dieser Zeit geradezu zelebriert. *Metapedia* war offenbar eine Quelle im Internet für Straches Sprecher Martin Glier. Wie lange eigentlich schon? Aus welchem Grund auch immer, vielleicht um mich zu ärgern, oder um einen Zusammenhang zu testen, warf er mir schon bald nach Regierungsantritt, im Februar 2018, auf Twitter einen Verwandten namens Johann Brandstätter vor. Dieser Kärntner war laut *Metapedia* ein „deutscher Widerstandskämpfer gegen das Dollfuß-Regime in Deutsch-Österreich" und ein „Blutzeuge der nationalsozialistischen Bewegung, der in der Kampfzeit während der Juli-Erhebung sein Leben für Freiheit und Meinungsrecht gab".

Für jeden sofort erkennbar: Dieser Johann Brandstätter war ein illegaler Nazi, der einen Tag nach der Ermordung von Engelbert Dollfuss im Wiener Kanzleramt durch österreichische Nationalsozialisten am 25. Juli 1934 bei Kämpfen in Kärnten ums Leben kam, als „Blutzeuge", wie es in der Nazi-Diktion hieß, beziehungsweise bis heute heißt.

Da meine Familie aus Niederösterreich stammt, ist eine nähere Verwandtschaft zu Johann Brandstätter unwahrscheinlich. Das ist auch nicht der Punkt, wäre ich mit ihm verwandt, wäre das auch kein Grund für eine irrationale Attacke auf einen Journalisten. Das Schlimme ist, dass ein FPÖ-Sprecher offenbar trotz der eindeutigen Nazi-Wortwahl nicht erkennt, in welcher Umgebung er sich im Internet bewegt und *Wikipedia* mit *Metapedia* verwechselt. Mangelnde Bildung? Oder stört ihn das einfach nicht?

Glier hat sich dann auch für seine Attacke entschuldigt. Erschreckend an dieser Episode bleibt, dass der Pressesprecher des Vizekanzlers eine Neonazi-Website konsultiert und trotz der eindeutigen Sprache nicht erkennt, dass es sich um eine solche handelt.

Die Identitären und die FPÖ

Am Samstag, dem 23. März 2019 um 13 Uhr steht eine Polizeieinheit vor dem Haus Martin Sellners. Der Chef der Identitären hat, wie sich später herausstellt, 41 Minuten davor eine Menge Mails von seinem Computer gelöscht. Hatte er eine Vorahnung, dass ihn das BVT besuchen würde, oder gar einen Hinweis? Sellner war jedenfalls „dringend tatverdächtig, Mitglied eines bis dato nicht näher verifizierbaren international agierenden rechtsextremen Netzwerks zu sein". Im Jahr 2018 hatte Sellner von Spendern aus ganz Europa rund 20.000 Euro bekommen, der rechtsextreme Australier Brenton Tarrant, der am 15. März 2019 im neuseeländischen Christchurch 50 Menschen ermordet hat, hatte Sellner einmal 1.500 Euro überwiesen. Und in einem Mail Sellners an Tarrant heißt es: „Du gibst mir wirklich Energie und Motivation. Wenn du mal nach Wien kommst, müssen wir einen Kaffee oder ein Bier trinken gehen."

Am 11. Juli 2917 hat der deutsche Verfassungsschutz die Identitären als rechtsextrem eingestuft. Die Identitären sind eine international vernetzte Gruppe von Rechtsextremen, die in verschiedenen Ländern unterschiedlich gefährlich sind. Das erste Internet-Video in ihrer Geschichte heißt „Kriegserklärung." Wörtlich:" Glaubt nicht, dies ist nur ein Manifest. Es ist eine Kriegserklärung." Sie sind straff organisiert, Führungskräfte heißen Hopliten – diese kämpften als Soldaten in der griechischen Armee in einer Phalanx –, die Aktivisten nennen sich Spartiaten. Laut Verfassungsschutz besitzt jedes fünfte ihrer Mitglieder eine Schusswaffe.

In Frankreich wurde 2017 ein Identitärer zu sieben Jahren Haft verurteilt, weil er mehr als 500 Waffen verkauft hat. In Österreich machte die Gruppe von Martin Sellner etwa durch Besetzungsaktionen von Hörsälen, Störungen von Theaterstücken oder Demonstrationen auf sich aufmerksam. Und durch die personelle und inhaltliche Nähe zur FPÖ.

FPÖ-Obmann Strache beeilte sich nach der Hausdurchsuchung bei Sellner mit folgendem, sehr allgemein gehaltenen Statement: „Es wird gegen jeden Extremismusverdacht vorgegangen, egal ob von rechts, links oder religiös motiviert. Fanatismus hat in unserer Gesellschaft keinen Platz". Strache wollte sich offenbar nicht ausdrücklich auf die Identitären beziehen, denn ziemlich genau zwei Jahre zuvor hatte er diese Rechtsextremisten noch ganz anders gesehen:

„Die Identitären sind eine parteiunabhängige nicht-linke Bürgerbewegung, welche ihren friedlichen Aktionismus – offensichtlich als Kontrast und kritisches Spiegelbild – von den Linken entlehnt haben, welche im Gegensatz zu den Identitären oftmals leider gewalttätig handeln. Sie sind quasi junge Aktivisten einer nicht-linken Zivilgesellschaft. Der Maßstab für die Beurteilung ihrer Handlungen ist – wie für jeden anderen Bürger in unserer Gesellschaft – die geltende Rechtsordnung und nicht private Moralvorstellungen von diversen Linken."

Dieses Posting hat Strache später gelöscht, offenbar im Zusammenhang mit Sellners Hausdurchsuchung.

Da hieß es, die FPÖ habe mit den Identitären nichts zu tun. Das aber war falsch. Denn sofort tauchten personelle Verbindungen zwischen der Partei und der „Bürgerbewegung" der Identitären auf. Diese Verbindungen gab es ganz konkret in einigen Bundesländern. Nur zwei Beispiele: In Linz warb die Burschenschaft Arminia Czernowitz jahrelang für die Identitäre Bewegung. Der Linzer FPÖ-Vizebürgermeister Markus Hein war zwischen 2010 und 2014 Obmann der Burschenschaft. In Graz war FPÖ-Vizebürgermeister Mario Eustacchio bei einer Demonstration der Identitären.

Klar ist, dass Rechtsextreme wie die Identitären versuchen, in bewaffnete Verbände zu kommen. Beim Österreichischen Bundesheer gab es deshalb einen Sperrvermerk, der nach einem Freispruch von Identitären bei einem Strafprozess aufgehoben wurde. Verteidigungsminister Mario Kunasek hat nach diesen Vorfällen diesen Sperrvermerk wieder in Kraft gesetzt.

Die Rechtsextremen – international vernetzt

Die Aktivitäten der Identitären zeigen beispielhaft auf, wie gut vernetzt die Rechtsextremen international sind, durch gemeinsame Organisationen und über die Sozialen Medien. Dort sind vor allem Verschwörungstheorien und ein offener Antisemitismus zu verfolgen. Alte Ideologie in moderner Verpackung – ein dichtes Netz der internationalen Rechten agitiert im Internet mit Websites und TV-Kanälen, die voneinander abschreiben, vor allem aber flott gemeinsame Kampagnen inszenieren. Und solche Kampagnen werden je nach Aktualität gegen unterschiedliche Personen entwickelt.

Am Beispiel des Migrationspakts der UNO lässt sich im Detail nachzeichnen, wie Rechtsextreme und Identitäre mit einer internationalen Kampagne Parlamentsparteien wie FPÖ und AfD beeinflussten. Der Berliner *Tagesspiegel* hat das in einer Reportage am 7. Dezember 2018 beleuchtet. In rechten Zeitungen wird zunächst Stimmung gemacht, mit Angstparolen wie „geplanten Umsiedlungen", „Völkerwanderungen in die Sozialsysteme" oder „Europa wird arabisch". Durch Internetaktivitäten wird Druck auf die Parteien ausgeübt, Ende Oktober 2018 gibt Österreich den Ausstieg aus dem Pakt bekannt, der gar nicht bindend gewesen wäre. Dann geht auch die Diskussion in Deutschland los. Der Chef der österreichischen Identitären, Martin Sellner, war auch in Deutschland unterwegs, und er ist stolz darauf, dass die Regierung in Wien bei der Übersetzung aus dem Englischen Formulierungen der Identitären verwendet hat: „regular migration" wurde mit „planmäßiger Migration" übersetzt. „Geregelte Migration" wäre richtig gewesen.

Nachdem Bundeskanzler Sebastian Kurz nach Bekanntwerden der Spende des Attentäters von Christchurch an Sellner sich offen gegen die Identitären ausgesprochen und eine Abgrenzung der FPÖ von ihnen verlangt hatte, traf es ihn verstärkt, vor allem in Zusammenhang mit und George Soros. Für die extreme Rechte in ganz Europa sind die beiden ein eingespieltes Team, wobei betont wird, wer dabei angeblich zahlt und anschafft –

und wer brav folgen muss. Und alles nur, weil Kurz auf einmal die Identitären nicht mag. Diese sind in Österreich nur eine kleine Gruppe von jungen Frauen und Männern, denen das Philosophiestudium zu mühsam war und die darauf achten, nicht wie Neonazi Gottfried Küssel ins Gefängnis zu kommen. Für die Web-Rechte und Teile der FPÖ gehören sie zur großen völkischen Familie. Schon lange. Das hätte Kurz wissen können – oder müssen.

Ihre Botschaften haben oft nichts mit der politischen Realität zu tun, setzen aber auf positive Emotionen wie das Gefühl für die Heimat oder auf negative wie die Angst vor Fremden. Und das lässt sich am besten mit Bildern und Videos erreichen, die direkt in unser limbisches System eindringen, in das Zentrum für Bilder und Gefühle im Gehirn. Dass Bilder auch gefälscht werden, versteht sich von selbst.

Ein paar Beispiele: *Klagemauer TV* agitiert schon lange gegen George Soros als „Verfechter einer Weltdiktatur", der Antisemitismus wird gar nicht erst verborgen. Der *„political channel"* geht gleich weiter zu Rothschild – alles klar. Es gibt noch viele andere, und natürlich sind die staatlichen russischen Nachrichtenorganisationen *Russia Today* und *Sputnik* tägliche Verbreiter von Inhalten, die den Rechtspopulisten in Europa gefallen.

Die Rechten nutzen auch Facebook am besten. Die AfD hat die Agentur Harris Media aus den USA geholt. „Die haben Trump das Internet beigebracht", so Bloomberg. Der Facebook-Algorithmus findet genau diejenigen, die sich für die immer gleichen Themen interessieren, die von den Rechten gespielt werden: die Ablehnung der EU, die „Verschwörung" einer kleinen Gruppe von Reichen, die angeblich eine (jüdische) „Weltregierung" wollen. Dazu die Leugnung des Klimawandels bei gleichzeitiger Gefahr von „Chemtrails", und im deutschen Sprachraum sehr beliebt: die Angst vor Impfungen. Denn auch die gäbe es nur, um die Menschen zu steuern.

Und FPÖ-nahe Medien sind bestens vernetzt mit der oben beschriebenen rechtsextremen Internationale des Internets. Geschichten werden übernommen, adaptiert, zitiert. Das läuft auch über Facebook, wo die Freundschaften zeigen, wer zu wem gehört und wer von wem abschreibt.

Aufrufe zur Gewalt

Gerade aus Deutschland, wo die Rechtsextremen besonders stark sind und die AfD den Kontakt zu diesen Gruppen nicht leugnet, gibt es immer öfter Gewaltaufrufe. Die FPÖ wurde mehrfach darauf aufmerksam gemacht, dass sich die AfD zunehmend radikalisiert, dass sie sich als Regierungspartei von der AfD distanzieren soll. Aber nein, das sind die ja deutschen Freunde. Und diese bedanken sich. Als das Skandal-Video von Ibiza auftauchte, solidarisierte sich AfD Chef Jörg Meuthen sogleich in der *ARD*-Sendung Anne Will: „Wir werden weiter mit der FPÖ zusammenarbeiten. Das ist programmatisch unsere Schwesterpartei."

Und bei der deutschen Schwester klingt das dann so: Uwe Junge, Mitglied des Landtags von Rheinland-Pfalz schrieb auf Twitter: „Der Tag wird kommen, an dem wir alle Ignoranten, Unterstützer, Beschwichtiger, Befürworter und Aktivisten der Willkommenskultur im Namen der unschuldigen Opfer zur Rechenschaft ziehen werden. Dafür lebe und arbeite ich. So wahr mir Gott helfe." Eine klare Absage an den Rechtsstaat, auch noch unterlegt mit der Gelöbnisformel. Und ein Vorbild für Rechtsextreme, in den sozialen Medien noch mehr Gewalt zu verbreiten. Ein anderer AfD-Politiker schrieb: „Wenn es dann so weit ist, stellen wir sie alle an die Wand." Solche Sprüche werden dann von FPÖlern im Internet weiterverbreitet.

Der deutsche Verfassungsschutz sieht eine wachsende Gewaltbereitschaft von Rechtsextremen, ihre Kontakte nach

Österreich sind bekannt. Der Mord am Regierungspräsidenten des Bezirks Kassel, Walter Lübcke Anfang Juni 2019 hat viele in Deutschland aufgeschreckt. Der 65-jährige CDU-Politiker hatte sich für Flüchtlinge eingesetzt. Ein Mann mit Kontakten ins rechtsextreme Milieu gab den Mord zunächst zu, widerrief aber dann sein Geständnis trotz eindeutiger Spuren am Tatort. Ein Österreicher dazu auf Twitter: „Um solch einen Systemling trauern nur Systemlinge." So eine Sprache ist Normalität in einem Land mit unserer Geschichte. Das ist kein Zufall, das ist Ergebnis einer Stimmung, die seit Jahren auch von Regierungspolitikern verbreitet wird.

Die Manipulationen der FPÖ-Freunde von *unzensuriert.at*

Wie gut das zwischen Deutschland und Österreich funktioniert, zeigte eine Reporterin von RTL auf, die sich in Wien bei *unzensuriert.at* einschlich, einer Website aus dem Umfeld der FPÖ. RTL bewies, dass *unzensuriert.at* einfach eine Falschmeldung aus einer anderen rechten Website abschrieb, wonach in Hamburg Wohnungen für Flüchtlinge beschlagnahmt würden. Alexander Höferl, damals noch bei dieser Plattform zur RTL-Reporterin: „Wir machen das nicht, weil uns an unabhängigem Journalismus gelegen ist."

Damit ist klar, dass man sich nicht der „Wahrheit verpflichtet" fühlt, wie es im Werbeslogan heißt, sondern der gehässigen Propaganda. Dass bei *unzensuriert.at* und deren Freunden andere Medien mit dem Naziausdruck „Systempresse" beschimpft werden, passt ins Bild. Dass Höferl im Kabinett von Innenminister Herbert Kickl die „strategische Organisation" leitete, auch.

Die internationale Vernetzung über das Internet und die Sozialen Medien sind die Stärke dieser „neuen Rechten". Wer aber eine seriöse Regierungspartei sein will, muss sich deutlich und nachhaltig von diesen Inhalten abgrenzen, weil man eben sonst damit identifiziert wird, wie die FPÖ erlebte, ohne dazuzulernen – und ihr nahestehende Websites weiter rechtsextremes Gedankengut ungeprüft übernehmen. Die Postings sind oft noch radikaler, Aufrufe zur Gewalt sind nicht selten. Aus diesem Grund hat *unzensuriert.at* Postings abgeschafft. Offenbar wusste man, was man auslöste.

Dabei stehen wir erst am Anfang. Das Internet wird immer mehr zur permanenten Berieselung durch Videos. Und diese werden immer geschickter so gestaltet, dass nur Emotionen in unser Hirn eindringen. Die technische Entwicklung macht es bereits möglich, Reden von Politikern mit einem ganz anderen Text zu unterlegen. Die Manipulation der Menschen steht also erst am Anfang. Wir sollten Politiker auch danach einteilen, wer noch Verantwortung spürt und wer diese Methoden zu seinem Nutzen verwenden will.

Die FPÖ-Führung hat nach einigen schlimmen Vorfällen ihrer Regierungszeit eine „Historikerkommission" eingesetzt, die die Vergangenheit der Partei aufarbeiten soll. Noch wichtiger erscheint im Moment aber eine Zukunftskommission. Will sich die FPÖ weiter an die Rechtsextremen von Männern mit Hitlergruß bis zu den Identitären dominieren lassen? Wird sie versuchen, intellektuelles Potential neben den Burschenschaftern aufzubauen? Oder schafft sie das nicht? Dann ist sie auf Dauer unfähig, an einer Bundesregierung mitzuarbeiten. Der sogenannte Einzelfall zeigt die Seele, oder sagen wir das Innerste dieser Partei.

10. Hauptsache gegen Ausländer – die neue Sozialpolitik

Angst machen, das ist seit jeher das wesentliche Ziel der Ausländerpolitik der FPÖ. Und die Spaltung der Gesellschaft in „gute Österreicher" und „böse Zuwanderer". Das spielt alles auf der emotionalen Ebene, da halfen schon in den 1990er Jahren keine Statistiken, dass die Arbeiter aus anderen Ländern viel in die Sozialsysteme einzahlten.

Die „Einwanderung ins Sozialsystem" gefährde die Leistungen für die Österreicher. Damit hat Jörg Haider begonnen, das haben Kickl und Strache übernommen und Kurz hat diese Formulierung fast wortwörtlich imitiert. Die Flüchtlingswelle stellte das Land dann vor ganz andere Herausforderungen, aber da ist es den seriösen Politikern nicht gelungen, den Unterschied zwischen Asylwerbern, dem Recht auf Asyl und anderen Zuwanderern zu erklären.

Worum geht es? Diejenigen, die gearbeitet haben, haben Anspruch auf eine Versicherungsleitung. Diesen Anspruch können neu zugewanderte Menschen wie Asylwerber nicht haben. Aber alle Menschen in Österreich sollen das absolut Notwendige haben, also ein Dach über dem Kopf, Essen und bei Bedarf die nötige gesundheitliche Versorgung. Neben dem Versicherungsprinzip muss es in einem Sozialstaat, der die Würde des Menschen als Grundlage hat, ein Fürsorgeprinzip geben. Die Leistungen für die Mindestsicherung machen etwa 0,9 Prozent des Sozialbudgets aus.

Aber es geht nicht nur um Geld, es geht um die Vorstellung der Rechten in vielen europäischen Staaten, dass es zu geplanter „Umvolkung" komme, wie der Ideologe Andreas Mölzer schon vor Jahren formulierte. Heute spricht er von „Ethnomorphose", was nicht jeder versteht und nicht gar so ausländerfeindlich klingt. Die Identitären sprechen von „Bevölkerungsaustausch",

145

ein Begriff, den sich auch Strache zu Eigen machte. Und weil Worte Ideen prägen, hat die Regierung die Sozialhilfe durch die „Mindestsicherung neu" ersetzt. Es soll nicht geholfen, sondern das Mindeste gegeben werden. Genauso, wie das Viktor Orbán und seine Freunde sehen. Orbán bringt dann noch die Angst ins Spiel, dass der christliche Glaube gefährdet sei – als ob man das Christentum mit Unmenschlichkeit retten könnte.

Hier ist nicht der Platz, um auf jedes Detail der Reform einzugehen. Es geht um die Art der Diskussion, die von der Regierung nur mehr so geführt wurde, wie sie die FPÖ seit Jahrzenten prägt. Vor allem gegen Ausländer. So wurden Zuwanderer mit schlechten Deutschkenntnissen benachteiligt. Wer in Österreich leben will, muss neben der Anerkennung der Verfassung und unserer Werte ordentlich Deutsch können. Sicherlich: Da haben vergangene Regierungen zu lange weggeschaut, es wurden schwere Fehler gemacht. Es muss Anreize und auch Druck geben, damit jede und jeder versteht, dass eine gemeinsame Sprache Voraussetzung für ein Zusammenleben ist. Aber auch Menschen, die nicht Deutsch können, haben Hunger. Und ihre Kinder auch. Dazu kommt, dass zum Erlernen der Sprache Kurse gebraucht werden – die fehlen aber nicht selten.

Sozialministerin Beate Hartinger-Klein, die im Parlament öfter durch laute, wenig konzise Reden aufgefallen ist, meinte auf die Frage, ob Menschen mit 150 Euro im Monat leben können: „Wenn man die Wohnung auch noch bekommt, dann sicher." Sie freute sich nach ihrem Ausscheiden aus der Bundesregierung über eine beachtliche Fortzahlung ihres Gehalts. Das sei ihr auch gegönnt, denn Neid und Missgunst zerstören eine Gesellschaft. Wenn das nur alle wüssten.

Für Sebastian Kurz war auch die Mindestsicherung ein Anlass, die rot-grüne Regierung der Stadt Wien, aber auch viele Menschen in der Stadt zu attackieren: „Ich glaube nicht, dass es eine gute Entwicklung ist, wenn immer weniger Menschen in der Früh aufstehen, um zu arbeiten, und in immer mehr Familien nur mehr die Kinder in der Früh aufstehen, um in die Schule zu gehen", so Kurz zur Eröffnung der Regierungsklausur im Juni. In Wien gebe es 13 Prozent Arbeitslose, das sei dreimal so viel wie in Tirol und doppelt so viel wie bundesweit, sowie immer mehr Obdachlose. Dass mit der „Mindestsicherung neu" Familien mit mehreren Kindern benachteiligt werden, wurde damals nicht gesagt, dass damit eher Ausländer getroffen werden sollen, auch nicht.

Bei der neuen Regelung kommt es auf die Bundesländer an, deshalb ist noch nicht klar, wieviel wirklich eingespart wird. Ländergesetze werden die Leistungen festlegen.

Caritas-Präsident Michael Landau im März 2019: „Es ist zunächst erfreulich, dass bei dem Beschluss der ‚Mindestsicherung Neu' in einzelnen Aspekten – etwa bei den Ansprüchen für Menschen mit Behinderung – Nachbesserungen gegenüber dem Begutachtungsentwurf erreicht werden konnten". Allerdings, so Landau: „Es macht uns als Caritas sehr betroffen, dass mit den beschlossenen Kürzungen – insbesondere ab dem dritten Kind – ein Anstieg der Kinder- und Familienarmut in Österreich in Kauf genommen wird. Ziel sollte doch bleiben, die Armut der Menschen zu bekämpfen und nicht Menschen, die von Armut betroffen sind, noch weiter an den Rand zu drängen."

Aber hier geht es eben um die Frage nach dem Menschenbild. Wer von Ausländern als „Erd- und Höhlenmenschen" spricht, wie das ein FPÖ-Abgeordneter tat, sieht in Ausländern nicht Menschen wie du und ich, sondern minderwertige Lebewesen. Und in Arbeitslosen nur Tachinierer.

Es ist kein Wunder, dass die FPÖ auch bei den Asylverfahren den Rechtsstaat nicht ernst nimmt. Das Innenministerium soll künftig bei Asylverfahren für beide Seiten zuständig sein, für die Antragsteller und für die Entscheidung. Das widerspricht dem Gedanken des Rechtsstaats und wird die kommende Bundesregierung und irgendwann den Verfassungsgerichtshof beschäftigen.

Den Sozialorganisationen soll auch die Betreuung von Flüchtlingen entzogen werden. Eine „Bundesagentur für Betreuungs- und Unterstützungsleistungen", die dem Innenministerium unterstellt sein wird, soll ab Sommer 2020 für Grundversorgung, Rechtsberatung und Menschenrechtsbeobachtung bei Abschiebungen zuständig sein.

11. Das große Umfärben

Es kann nur umgefärbt werden, was schon vorher eingefärbt war. Ungefähr so lautete die Entschuldigung der Regierung Kurz/Strache, wenn wieder irgendwo im Staat oder in staatsnahen Betrieben das Management ausgetauscht oder auch nur teilweise verändert wurde. Und das stimmt ja auch. Österreich ist seit jeher bekannt dafür, dass die Parteien völlig ungeniert in alle Betriebe greifen, die ihnen nicht gehören, sondern ihnen bestenfalls treuhändig als Vertreter des Staates vorübergehend anvertraut sind. Gerade ÖVP und SPÖ haben da viel Böses angestellt, indem sie einerseits immer wieder unfähige Personen in wichtige Ämter gebracht haben oder auch fähige Managerinnen und Manager durch eine parteipolitische Punzierung für sich eingenommen und dadurch beschädigt haben.

Die Regierung von Sebastian Kurz aber hat mehrfach angekündigt, „neu regieren" zu wollen, auch im Bereich der Staatsbetriebe – man werde nicht auf das Parteibuch schauen. Es wurde aber so schlimm, dass internationale Spitzenmanager, die hier für relativ wenig Geld in Aufsichtsräten waren, diese Aufgaben zurücklegten. Das war sogar für österreichische Verhältnisse neu.

Der Protest des OMV-Präsidenten

So berichtete der *KURIER* am 14. September 2019 von einem „Knalleffekt bei der teilstaatlichen OMV". Der ehemalige Siemens-Konzernchef Peter Löscher hatte in einem Brief an Finanzminister Hartwig Löger seinen Rücktritt als Aufsichtsratsvorsitzender des Öl- und Gaskonzerns OMV mit der Hauptversammlung 2019 angekündigt. Dieser Brief lag zu diesem Zeitpunkt allen Mitgliedern des Aufsichtsrates vor, die Redaktion des *KURIER* hatte gute Quellen. Löscher protestierte in seinem Schreiben sehr deutlich gegen den Einfluss des Staates und das Ziel der Regierung, die Beteiligungen des Staates – so wörtlich – „wieder stärker unter direkte staatliche Kontrolle zu bringen". Er zitiert ein Interview, in dem Löger sagte, die Regierung strebe in jedem Aufsichtsrat nach Möglichkeit den Vorsitz an.

Er respektiere den Willen der Bundesregierung auch dann, so Löscher, „wenn ich zu der ordnungspolitischen und marktwirtschaftlichen Strategie, die hinter Ihrem Vorstoß liegt, nicht durchgehend Ihrer Auffassung bin". Die Stärke des bisherigen österreichischen Modells beruhe auf der richtigen Balance von einem mittelbaren staatlichen Einfluss einerseits und der Einbindung „unabhängiger, wirtschaftserfahrener Persönlichkeiten an der Spitze von Aufsichtsgremien andererseits". Dadurch sei „unser Land immer auch für ausländische Investoren attraktiv geworden, war ein Motor der Globalisierung und Politik und Wirtschaft haben in einer klugen Verantwortungspartnerschaft gemeinsame Erfolge gestaltet".

So sehr er den politischen Anspruch einer ökonomisch stärkeren Interessenswahrnehmung und staatlichen Beeinflussung der Bundesregierung nachvollziehen könne, „so sehr bin ich auch unternehmerisch geprägt".

Der Österreicher Löscher wurde im Juni 2016 an die Spitze des OMV-Aufsichtsrates gewählt. Geboren im Jahr 1957 in Villach hat Peter Löscher eine internationale Managerkarriere gemacht, die nur wenige Österreicher vorzeigen können. Er war unter andrem im Zentralvorstand von General Electric, dann im Vorstand des amerikanischen Pharmariesen Merck und Co., bevor er 2007 Vorstandsvorsitzender der Siemens AG in München wurde, wo er bis 2013 blieb. Einem solchen Manager wollten österreichische Politiker – oder noch besser – deren Sekretäre erklären, wie man ein Unternehmen führt. Die

Republik Österreich hält über die Staatsholding ÖBAG (vorher ÖBIB) 31,5 Prozent an der OMV, Österreichs bedeutendstem Energieversorger und Schwergewicht an der Wiener Börse. Die Staatsholding von Abu Dhabi hält 24,9 Prozent und hat ihre Anteile mit der Republik syndiziert.

Finanzminister Hartwig Löger reagierte auf den Rückzug Löschers mit dem Statement, es gehe nicht um mehr staatliche Kontrolle, sondern um die „Wahrnehmung der österreichischen Eigentümerverantwortung bei gleichzeitiger Absicherung unabhängiger Aufsichtsratsentscheidungen". Wenn man bedenkt, dass Löger selbst ein erfolgreicher Manager war, weiß man, dass dieses Statement nicht von ihm sein kann, weder den Worten und schon gar nicht dem Sinn nach. Löger weiß es natürlich besser, aber der politische Wille der wirtschaftlich unerfahrenen Truppe rund um Sebastian Kurz war halt so.

Die Macht im Verbund Konzern

Im Februar 2019 hat dann Gerhard Roiss, der Aufsichtsratsvorsitzende des zu 51 Prozent der Republik gehörenden börsennotierten Stromkonzerns Verbund, seinen Rücktritt eingereicht. Er tat dies ohne jegliches Aufsehen, Roiss hatte zuvor intern Finanzminister Löger informiert. Das Aufsichtsratsmandat von Roiss wäre bis 2020 gelaufen. Der langjährige Chef der OMV ist ein weithin anerkannter Experte für Energieunternehmen und ebenso wie Peter Löscher bei Start Ups der Energiebranche engagiert. „Als Hintergrund des Abgangs war zunehmender staatlicher Einfluss auf Staatsbeteiligungen im Zusammenhang mit der Reform der Staatsholding ÖBAG ausgemacht worden", schrieb der *KURIER*. Denn mit der Reform wird nun auch der Verbund der Staatsholding unterstellt. Alleine durch diese zwei Rückzüge von zwei international erfahrenen Managern, die einer bürgerlichen, wirtschaftsorientierten Regierung sicher nicht ablehnend gegenüberstehen, zeigt, dass Kurz und Co. ihr persönlicher Einfluss und ihre Macht wichtiger sind als der Erfolg von staatlichen Unternehmen.

Im Verbund-Konzern hat nun Thomas Schmid den Aufsichtsratsvorsitz übernommen, er wurde auch stellvertretender Vorsitzender bei der OMV. Schmid ist Alleinvorstand der neuen Österreichischen Beteiligungs AG (ÖBAG), wo die Beteiligungen des Bundes verwaltet werden. Der 43-jährige Tiroler war Mitarbeiter von Bundeskanzler Wolfgang Schüssel und vieler ÖVP-Minister.

Problematisch ist, dass mit der ÖBAG wieder nur eine neue Konstruktion für die Beteiligungen des Staates geschaffen wurde, ohne damit eine Strategie für den Industriestandort Österreich zu entwickeln. In der Managersprache gibt es so etwas wie „Portfoliomanagement", also eine Strategie, wo der Staat beteiligt sein soll, welche Bereiche gefördert werden sollen, wo sich der Staat von ausländischem Einfluss absichern muss. Fehlanzeige.

Eine neu ÖBAG bedeutet noch keine neue Industriepolitik. Es gibt auch keine Vorbereitung auf die nächste Wirtschaftskrise, von der niemand weiß, wann sie kommt, aber jeder weiß, dass sie kommt. Einen Hinweis, welche Branchen betroffen sein werden, gibt natürlich ein Blick nach Deutschland. Die Automobilindustrie bei den Nachbarn war lange Zeit weltweit führend, hat aber die neuen Antriebsformen verschlafen. In Österreich sind 150 Unternehmen mit 30.000 Beschäftigten direkt in der Fahrzeugindustrie tätig, viele exportieren nach Deutschland. Insgesamt hängen rund 370.000 Arbeitsplätze direkt oder indirekt von der Automobilwirtschaft und deren Zulieferern ab. Der Auslandsumsatz beträgt 14,1 Milliarden Euro, Autos sind also die zweitwichtigste Exportbranche Österreichs.

Alle Industriebranchen stehen – wie die gesamte Gesellschaft – vor großen Veränderungen durch die Künstliche Intelligenz. Diese wird sich dort am schnellsten entwickeln, wo mehr Daten leichter verfügbar sind, ein riesiger Vorteil für China. ' Österreich alleine ist hier verloren, hier geht es um europäische Initiativen. Aber was hat Sebastian Kurz im EU-Wahlkampf gesagt? Von Regelungswahnsinn war die Rede und von der Bürokratie. Nie von gemeinsamen Ideen für ein modernes Europa.

Statistik Austria: Zurück ins Jahr 1848

Aber zurück zum Umfärben. Eine solche Aktion mit undemokratischem Hintergrund war für die Statistik Austria geplant und wurde nur durch das abrupte Ende der Regierung unterbrochen. Die Statistik Austria ist eine ausgegliederte Agentur, die dem Kanzleramt untersteht und von zwei Generaldirektoren geführt wird. Konrad Pesendorfer ist der fachliche Leiter der Statistik, Gabriela Petrovic ist für kaufmännische Agenden zuständig. Pesendorfer war zuvor im Kabinett von Bundeskanzler Faymann, wird also der SPÖ zugerechnet. Im Februar 2019 wurde eine Arbeitsgruppe eingesetzt, deren offizielle Zielsetzung schon klar machte, worum es sicher nicht geht, nämlich um „Optimierung und Evaluierung der Organisation."

Worum es schon ging, war die Absetzung des „Roten" Pesendorfer, und was für die Information der Öffentlichkeit noch wichtiger ist, die Unterwerfung der Statistik Austria unter die Message Control. Gut, das Umfärben hat in Österreich eine traurige Tradition. Aber das Kanzleramt wollte noch etwas, was die Arbeitsweise der Statistik Austria, vor allem aber ihre Glaubwürdigkeit grundlegend geändert hätte: Es sollte nicht mehr die selbständige Agentur, sondern das Kanzleramt für die Kommunikation zuständig sein. Also: Nicht die Statistiker sollten die Daten und Fakten bekannt geben, sondern diese die Message Controler des Kanzleramts. Wie Pesendorfer einmal treffend dazu feststellte: Das hätte einen Rückschritt hinter das

Jahr 1848 bedeutet. Seit dieser Zeit geben Experten und nicht Politiker statistische Fakten bekannt. Dadurch wird nicht vorher geprüft, was der Regierung nützlich ist, sondern es werden jene Fakten und Zahlen an die Öffentlichkeit gebracht, die für alle wichtig und interessant sind.

Vom Stadtrat in die Notenbank

Öffentlichen Widerstand gab es auch gegen Veränderungen in der Oesterreichischen Nationalbank, und zwar von Claus Raidl, dem früheren Spitzenmanager (Böhler-Uddeholm) und Präsidenten der Notenbank. Raidl ist zeit seines Lebens der ÖVP verbunden, aber dass mit Eduard Schock ein Wiener FPÖ-Politiker in den Vorstand einziehen soll, der nie auch nur in der Nähe von Währungspolitik war, erboste ihn doch sehr. Im Profil vom 19. Jänner 2019 protestierte Raidl: „Wenn Schock ins Direktorium einzieht, wird das von der Öffentlichkeit als rein parteipolitische Entscheidung gesehen werden, und die FPÖ macht genau das, was sie früher immer zu Recht kritisiert hat." Raidls fachliche Kritik: Die Karriere des Bankangestellten und Wiener FPÖ-Kommunalpolitikers entspräche in keinem Punkt den Voraussetzungen der Ausschreibung für diesen Posten. Dort wird nämlich klar verlangt: „Mehrjährige Erfahrung im Bereich Währungs- und Finanzpolitik. Langjährige Managementerfahrung, ausgezeichnete Englischkenntnisse sowie die Fähigkeit zur Mitwirkung in nationalen und internationalen Gremien." Vom Rathaus, wo Schock „Stadtrat ohne Aufgabenbereich" war, in die heikle Welt der internationalen Währungspolitik – was hätte die FPÖ für einen Wirbel gemacht, wenn sich das eine andere Partei getraut hätte. Hier gibt es nur eine Konsequenz: Öffentliche Hearings, in denen Bewerber beweisen müssen, dass sie mit der Materie vertraut sind und in diesem Fall auch ordentlich Englisch sprechen können.

Die Finanzmarktaufsicht mit nur einem Vorstand

Beispiele wie diese gefährden Österreichs Ruf in der internationalen Finanzwelt, und das gilt auch für das folgende Beispiel. Es geht um die Finanzmarktaufsicht FMA. Das ist in Zeiten von alten Risiken und neuen Internetbanken eine besonders wichtige Institution.

Im Zuge einer Reform soll die FMA die gesamte Bankenaufsicht bekommen, rund 180 Mitarbeiter der Oesterreichischen Nationalbank, die für Prüfungen zuständig sind, übersiedeln in die FMA. Ausgerechnet in New York gab Finanzminister Hartwig Löger im April 2019 personelle Veränderungen bekannt – künftig soll es in der FMA, trotz erweiterter Kompetenzen, nur mehr ein Vorstandsmitglied geben. Sofort war klar, wer sein Mandat verlieren würde: Helmut Ettl, dem fachlich zwar nichts vorzuwerfen ist, der aber der SPÖ nahesteht. Wie man solche Veränderungen durchzieht, erinnerte wieder nicht an „neu regieren", sondern an „Politik uralt". Laut einem neuen Gesetz soll die Nationalbank ihr Nominierungsrecht verlieren. Ettl aber saß – Pech aber auch – leider auf dem Mandat der Notenbank. Der zweite Vorstand, der der ÖVP nahestehende Klaus Kumpfmüller, der ebenso fachlich unumstritten ist, darf hingegen bleiben, sein Mandat wird weiter von der Bundesregierung vergeben. Nach dem Bruch der Regierung ist wieder fraglich, ob Ettl wirklich gehen muss. Wenn, dann muss sein Vertrag ausgezahlt werden, der noch bis 2023 läuft.

Hier geht es aber nicht nur um politische Spielereien, hier wird der Finanzstandort Österreich gefährdet. Denn die Tatsache, dass in einer so wichtigen Einrichtung wie der Finanzmarktaufsicht nicht mehr das Vier-Augen-Prinzip gelten soll, hat viele Spitzenbanker des Landes aufgeschreckt. Die Begründung des Finanzministers, dass ja unter dem Alleinvorstand eine dreiköpfige zweite Ebene eingezogen werden soll, stellt keinen von ihnen zufrieden. Der Ex-Chef der Raiffeisenbank International, Karl Sevelda, meinte im *KURIER:* „Ich verstehe nicht, dass die Nationalbank einen guten Teil ihrer Kompetenzen und ihrer Mitarbeiter abgibt und weiter vier Direktoren hat. Die FMA dagegen bekommt zusätzliche Aufgaben und Mitarbeiter, aber deren Vorstand wird halbiert." Sevelda spricht von einer „Chuzpe sondergleichen" und „parteipolitischen Motiven". Und die kannte man zu diesem Zeitpunkt schon sehr gut, nämlich durch ein SMS, das Strache versehentlich nicht nur an Parteifreunde, sondern auch einen politischen Mitbewerber geschickt hat, der es an die *Kronen Zeitung* weitergab, die das SMS im November 2018 veröffentlichte. Da hieß es, inklusive der falschen Bezeichnung der OeNB: „Zur Nationalbank: Die Finanzministeriums-Vorlage zur Verlagerung der Bankenaufsicht in die FMA bezweckt auch, die seit 3.11. laufende ÖNB-Ausschreibung für 4 Direktoren zu unterlaufen, um unsere Macht dort zu schwächen. Löger hat gegenüber US-Fachmedien bereits betont, dass er in diesem Fall das ÖNB Direktorium (z.B. von 4 auf 3) verkleinern wird!!! Dann sind wir in der Defensive: Wie sollen wir einen 4. Direktor argumentieren, wenn dieser keine Arbeit mehr hat? Sonst muss der zweite Direktor auch von uns sein."

In wunderbarer Schlichtheit hat Strache, wie ja auch auf dem „Ibiza-Video", hier dargelegt, worum es geht: um Macht. Und in diesem Fall auch darum, nicht schwächer als die ÖVP auszusehen. Und darum, eine völlig ungeeignete Person in eine zentrale Stellung zu bringen. Dass dabei der Ruf Österreichs in einem sehr heiklen Bereich beschädigt wird, hat ihn da und in vielen anderen Fällen nicht gekümmert.

ÖVP und FPÖ argumentieren ja bei solchen Veränderungen gerne mit Kosteneinsparungen. Aber der Rechnungshof wusste auch das besser: „Die neue Führungsebene mit drei Exekutivdirektoren ist nicht im Einklang mit der angestrebten Kostenreduktion." Und der Bankenberater Martin Winkler, Chef des unabhängigen Netzwerks *Respekt.net*, ortet einen Verstoß gegen die internationalen Regeln der Basler Bank für Internationalen Zahlungsausgleich (BIZ). Der Leiter einer Aufsicht könnte nur wegen Fehlverhaltens abgelöst werden. Dieser Tabubruch könne bei Prüfungen von Weltbank oder Währungsfonds Auswirkungen auf mögliche Investoren haben, so Winkler.

In anderen Bereichen des Staates ließ man die Führung im Amt, wie etwa bei den Österreichischen Bundesbahnen. Gegen Andreas Matthä, einen erfahrenen Bahnprofi, ließe sich nur schwer argumentieren, also begnügte sich die FPÖ bei den ÖBB mit einigen Aufsichtsräten und der Besetzung des Finanzchefs. Aber auch der Burschenschafter Arnold Schiefer ist zweifellos ein ausgewiesener Fachmann.

„Neu regieren" wollte Sebastian Kurz, leider ist es auch in seiner Regierung weitergegangen mit Postenbesetzungen, die im Kreise von Parteien und Partien beschlossen wurden. Sicher, der Druck seitens der FPÖ war stark, sie wollte das machen, wofür in der SPÖ-FPÖ-Koalition von 1983 bis 1986 zu wenig Zeit war. Damals mussten zwar auch schon in der Nationalbank und im ORF Blaue zum Zug kommen, aber das war noch recht bescheiden. Die Regierungsbeteiligung unter Wolfgang Schüssel zieht noch immer einen Mief von blauer Korruption nach sich, also wollten Kickl und Strache diesmal nachhaltig, aber offiziell zugreifen. In den nur 17 Monaten ist ihnen da Einiges gelungen. Wie man hört, orientieren sich einige Manager jetzt wieder stärker an der Farbe Türkis. Für die österreichische Wirtschaft ist das System der parteiorientierten Postenbesetzung ein großer Nachteil. Gut, dass es viele erfolgreiche Familienbetriebe gibt, die auf ihr Unternehmen schauen, und nicht auf Gefälligkeiten für eine Partei. Sie machen die Stärker der österreichischen Wirtschaft aus.

Was die jungen Sekretäre um Sebastian Kurz und auch der ÖVP-Chef nicht verstehen wollen: Managerinnen und Manager, die so gut sind, dass sie internationale Karrieren schaffen, werden immer stärker aus Österreich weggehen, wenn diese Parteibuchwirtschaft kein Ende nimmt. Diese Methoden sind für gut ausgebildete Leute einfach nur beleidigend. Übrig bleiben werden die Ängstlichen, diejenigen, die sich unterwerfen. Aber das schadet der österreichischen Wirtschaft.

12. Knickse und andere Fehltritte der Außenpolitik

„Nationalismus heißt Krieg. Krieg, das ist nicht nur Vergangenheit. Er kann auch unsere Zukunft sein." So hat das François Mitterand im Jänner 1995 knapp vor Ende seiner Präsidentschaft im Europaparlament in Straßburg formuliert. Der 1916 geborene Franzose hatte da ein sehr bewegtes Leben hinter sich. Später hieß es, er habe als Jugendlicher selbst rechtsextreme Neigungen gehabt. Sicher ist, dass er in der Résistance war und mit Bundeskanzler Helmut Kohl die deutsch-französische Freundschaft energisch vorantrieb. Das Bild der beiden Staatsmänner über den Gräbern von Verdun ist eine Ikone der Zeitgeschichte.

Nationalismus hat in seiner fanatischen Form zu den grausamsten Kriegen geführt und kann das wieder tun. Die Europäische Union ist die friedliche Antwort auf diese Gefahr. Es sind die Rechtsextremen und immer wieder auch die FPÖ, die diese EU zerschlagen wollen. Und den Menschen Angst machen will, dass die Österreicher in der EU verlieren würden, obwohl das Gegenteil wahr ist. Erst als auch hierzulande verstanden wurde, dass der Brexit Großbritannien in große Schwierigkeiten stürzen wird, rückten FPÖ-Politiker vom Öxit ab, mit dessen Idee sie vorher gerne gespielt haben. „Ja, selbstverständlich bin ich dafür, die Österreicher über einen EU-Austritt zu befragen", sagte FPÖ-Chef Strache am 20. Mai 2014 im *KURIER*.

Wolfgang Schüssel musste sich bei den Verhandlungen für Schwarz-Blau 1999/2000 mit Jörg Haider noch recht plagen, um freundliche Worte für Europa in sein Regierungsprogramm zu bekommen. Die FPÖ war ja früher einmal besonders europafreundlich, Haider aber nutzte die Volksabstimmung zum EU-Beitritt im Juni 1994 für eine absurde Kampagne für seine Popularität und gegen die Europäische Union. Selbst

„Blutschokolade" und die „Schildlaus im Joghurt" waren ihm nicht zu blöd, um gegen einen Beitritt zu mobilisieren.

Im Jahr 2017 wussten Strache, Kickl und auch der europakritische EU-Abgeordnete Vilimsky, dass sie nur mit einem Bekenntnis zur EU in die Regierung kommen würden. Dieses findet sich auch im Regierungsprogramm, sogar mit dem Satz: „Die Europäische Union ist nicht nur eine Wirtschaftsgemeinschaft, sondern auch eine Wertegemeinschaft." Dann geht es um die Forderung nach Subsidiarität: „Wir wollen eine EU, die die großen Themen anpackt, um die Bürger ihrer Mitgliedsstaaten zu beschützen. Ein in diesem Sinn starkes Europa kann Stabilität garantieren, Wachstum fördern Frieden sichern."

Dann aber folgen eine Reihe von Punkten, die eher nationale Maßnahmen fordern, wie „nationale Grenzschutzmaßnahmen". In keinem Satz geht es um eine gemeinsame Außenpolitik oder eine gemeinsame Wirtschafts- oder Finanzpolitik. „Subsidiarität" ist ein leeres Wort, und wie die FPÖ die weitere Entwicklung der EU sieht, haben wir im EU-Wahlkampf gesehen. „FPÖ voten gegen Asylchaoten" stand auf dem ersten Plakat, auf das Spitzenkandidat Harald Vilimsky besonders stolz war. Dann ging es gegen einen „zentralistischen Superstaat", gleichzeitig sollte die EU-Kommission das slowakische Atomkraftwerk in Mochovce ganz zentralistisch verbieten. Strache wiederum stellte die Personenfreizügigkeit innerhalb der EU in Frage.

Vor allem aber wollte die FPÖ ihre Allianz mit den Rechtsextremen in ganz Europa ausbauen, mit der deutschen AfD, die das EU-Parlament abschaffen will, mit Marine Le Pen und Matteo Salvini, die immer wieder vom Ende der EU oder dem Ende des Euro sprechen. Und das Ende des Euro offenbar auch bewusst herbeiführen wollen. Salvini will die finanziellen Probleme seines Landes dadurch lösen, dass die EZB einfach Geld druckt, wie er auf Facebook einmal forderte. So einen Unsinn unterstützt nicht einmal die FPÖ, denn dies wird zu Konflikten

160

führen. Die Rechtsfraktion ist im neuen EU-Parlament mit 73 von 751 Abgeordneten nur die fünftstärkste Fraktion. In vielen Punkten müssen sie uneins sein, denn ihnen geht es immer nur um nationale Interessen. Von den Rechten werden keine großen Initiativen für Europa ausgehen, keine Rede also von der großen Wende, von der die Rechten vor der EU-Wahl geträumt und manche Medien zu viel berichtet haben.

Aber auch von der ÖVP hört man außer den Schlagworten „Solidarität" und „Sparen bei der Bürokratie" nicht viel, wie sich die EU positiv weiterentwickeln soll und wo Bereitschaft besteht, zum Vorteil Österreichs auf weitere Souveränität zu verzichten. Ganz im Gegenteil: Im EU-Wahlkampf versuchte sich Kurz in ganz billigem Populismus, holte den alten Kalauer vom „Regelungswahnsinn" hervor und schob den Österreichern ihre Leibspeise unter die Nase – böse Verordnungen würden sogar regeln, wie braun Schnitzel und Pommes sein dürfen. Dass der Schutz der Gesundheit aller Menschen in Europa ein wichtiges Ziel der Gemeinschaft ist, das hatte keinen Platz im Furor des Populismus. Für Europa kann man ja wieder nach der Wahl sein.

Der Doppelpass ins Abseits

Das Wort Südtirol kommt im Regierungsprogramm 2017 interessanterweise gleich zweimal vor, in zwei unterschiedlichen Kapiteln: Bei der Außenpolitik steht nur ein Satz: Die aktive Wahrnehmung der Schutzfunktion für Südtirol. Das ist Routine, muss aber immer festgeschrieben werden. Der damalige italienische Ministerpräsident Mario Monti hat in einem Interview mit mir im Oktober 2012 dieses im Pariser Vertrag zur Autonomie Südtirols festgeschriebe Recht Österreichs in Frage gestellt. Das hat dann zu Diskussionen geführt, aber auch zur regelmäßigen Klarstellung von römischen Regierungen, dass diese Schutzmachtfunkton für die Südtiroler akzeptiert wird.

Ausgerechnet im Kapitel Innere Sicherheit taucht aber noch ein Paragraf auf: „Doppelstaatsbürgerschaft neu denken. Doppelstaatsbürgerschaft Südtirol und Alt-Österreicher: Im Geiste der europäischen Integration und zur Förderung einer immer engeren Union der Bürgerinnen und Bürger der Mitgliedstaaten wird in Aussicht genommen, den Angehörigen der Volksgruppen deutscher und ladinischer Muttersprache in Südtirol, für die Österreich auf der Grundlage des Pariser Vertrages und der nachfolgenden späteren Praxis die Schutzfunktion ausübt, die Möglichkeit einzuräumen, zusätzlich zur italienischen Staatsbürgerschaft die österreichische Staatsbürgerschaft zu erwerben."

Der Doppelpass, also das Angebot an italienische Staatsbürger, auch einen österreichischen Pass zu erhalten, ist bewusstes Zündeln, wo Friede und bestes Einvernehmen herrscht. Die Grenze am Brenner existiert für Tiroler nicht mehr, Südtiroler haben in Österreich viele Rechte und in Italien eine international vorbildliche Autonomie. In Kenntnis der schwierigen Geschichte Südtirols können alle Beteiligten nur froh sein, dass eine solche Lösung möglich wurde und gelebt wird.

Aber nicht für die FPÖ, die zu diesem Zeitpunkt schon auf die Wahlen in Südtirol im Oktober 2018 schielte und auch hier ihren primitiven Nationalismus ausleben wollte. Erstaunlich ist nur, dass die ÖVP auch hier mitgespielt hat.

Der Konflikt war programmiert, klarerwiese auch mit Straches Verbündetem, dem italienischen Innenminister der Lega, Matteo Salvini. Dieser hat mehrfach bekräftigt, dass Italien sein Veto gegen Doppelpässe einlegen werde. „Den österreichischen Freunden habe ich es klar gesagt: Der Doppelpass kommt nicht in Frage." Punkt.

Vor der Landtagswahl in Südtirol gab auch ein Kandidat der Freiheitlichen im *ORF*-Morgenjournal am Dienstag zu, dass der Doppelpass nicht zu den dringenden Anliegen gehöre. Die Staatsbürgerschaft sei eine Sache des „Herzens" und der „Identität", bringe aber keine unmittelbaren Vorteile – und auch auf der Straße würden die Menschen nicht danach fragen. Über die Wahlkämpfer aus Wien – vor Parteichef Strache waren bereits Infrastrukturminister Norbert Hofer und Generalsekretär Harald Vilimsky zur Wahlkampf-Unterstützung angereist – meinte der Südtiroler Landeshauptmann Arno Kompatscher, sie hätten sich wie „Elefanten im Porzellanladen" benommen.

Apropos Zündeln: Das hat Strache auch getan, als er am 10. Februar 2018 im Gespräch mit der Belgrader Tageszeitung *Politika* den Kosovo „zweifellos als Teil Serbiens" bezeichnete. Seit Jahren wird zwischen Serbien und Vertretern des Kosovo über Gebiets- und Grenzfragen verhandelt, jede Einmischung von außen kann nur schaden. Für den FPÖ-Vorsitzenden sind Stellungnahmen zur Politik am Balkan ein Stück Innenpolitik, als Träger einer Brojanica biedert er sich auch sonst an serbischstämmige Wähler an. Die Brojanica ist ein Armband, das mit einem Kreuz der serbischen Orthodoxie zusammengehalten wird.

Der große Bruder Russland

Der Knicks von Außenministerin Karin Kneissl – was für eine Symbolik. Da konnte sie nachher noch so oft erklären, dass sie diesen Knicks als übliches „Kompliment" am Ende eines Tanzes – ganz genau nach den Vorschriften der Tanzschule Elmayer – verstanden hat. Außerhalb Österreichs, wo man diese höfisch-höflichen Formen nicht so gut kennt, war der Effekt der Verbeugung verheerend. Aber schon die Einladung Putins durch die österreichische Außenministerin war ein diplomatischer Fauxpas. Sie erklärte das später so, dass sie bei einem Besuch Putins in Wien zufällig noch eine Einladung für die Hochzeit dabeihatte und im Überschwang der Gefühle dem Präsidenten eine in die Hand drückte.

Worin sich die rechten Parteien in Westeuropa immer einig sind, dann ist das ein besseres, de facto aber unterwürfiges Verhältnis zu Russland. Bei der FPÖ kommt dazu, dass sich Heinz-Christian Strache seit 2007 für ein gutes Verhältnis mit Russland engagierte. 2008 unterstützte die FPÖ Russland im Krieg mit Georgien, 2014 flogen FPÖ-Politiker auf die Krim, um das angeblich ordnungsgemäße Referendum zu bestätigen. Im Dezember 2016 wurde der Kooperationsvertrag mit der Putin-Partei „Einiges Russland" abgeschlossen, die gesamte FPÖ-Führung war in Moskau. Mit wirklich absurden Passagen wie der Zusammenarbeit in Fragen der „Jugend-, Frauen-, Bildung-, Hilfs- und anderen gesellschaftlichen Organisationen", und zwar zum Zweck der „Stärkung der Freundschaft und der Erziehung der jungen Generation im Geiste von Patriotismus und Arbeitsfreude". Das ist nicht russische, sondern sowjetisch-kommunistische Tradition. Der Erziehungswissenschaftler Nikolai Boldirew veröffentlichte 1946 ein Buch mit dem Titel „Die Erziehung der jungen Generation im Geiste des sowjetischen Patriotismus".

Die Abschaffung der Sanktionen gegen Russland durch die EU konnte die FPÖ im Regierungsprogramm gegen die ÖVP nicht durchbringen, aber Strache sprach sich immer wieder dagegen aus. Das hat Österreich nicht geschadet, aber die Tätigkeit von Innenminister Kickl hat den BVT von Informationen westlicher Geheimdienste ausgeschlossen, wie bereits ausgeführt wurde. Das Misstrauen, dass die FPÖ zu nahe an der politischen Führung in Moskau ist, hat Österreich seit Eintritt der FPÖ in die Bundesregierung geschadet.

Mitte Juli 2019 wurden Gespräche zwischen Vertrauten des Italieners Salvini und Russen über Geldflüsse nach Italien bekannt. Die Russen wissen, was sie wollen – Unruhe in die EU bringen. Die Europäer müssen das endlich verstehen.

13. Das Ende der Landesverteidigung

Bundespräsident Alexander van der Bellen schloss vor der Regierungsbildung aus, dass Innenministerium und Justizministerium in der Hand einer Partei sein dürfen. Er hat vielleicht nicht damit gerechnet, dass die ÖVP zusätzlich zum Innenministerium auch noch das Verteidigungsministerium der FPÖ überlassen würde. Das stellte sich später als problematisch heraus, als klar wurde, dass Herbert Kickl das BVT für seine persönlichen Zwecke einsetzen würde.

Verteidigungsminister Mario Kunasek verfügte sogar über zwei wichtige Dienste, das Abwehramt zur Sicherung der militärischen Einrichtungen im Inland und für Auslandskontingente und das Heeresnachrichtenamt für die strategische Auslandsaufklärung. Als Stabsunteroffizier hatte er Kenntnisse vom Bundesheer, wenn auch nur in einer niedrigen Charge, aber man hatte bei ihm stets das Gefühl, dass er den Posten nur als Sprungbrett zurück in seine steirische Heimat gesehen hat.

Erstaunlich ist dennoch, dass eine Regierung, die alles auf das Thema Sicherheit setzt, sich so gar nicht um das Bundesheer gekümmert hat. Landesverteidigung kostet Geld und gibt keine positiven Bilder und Emotionen her, außer, wenn Soldaten im Katastrophenschutz tätig sind. Das war aber nicht der Fall. Im Regierungsprogramm werden folgende Ziele für das Bundesheer definiert:

1. Langfristige Planbarkeit durch adäquate budgetäre und geeignete personelle Ausstattung ermöglichen – Stärkung des Österreichischen Bundesheers.

2. Eine qualitative Basisausbildung im Grundwehrdienst durch die Einführung einer Rekrutenschule als Qualitätssicherung sicherstellen.

3. Miliz neu: Die jederzeitige Einsatzbarkeit der Miliz ist sicherzustellen.
4. Eine anspruchsvolle Cyberabwehr im Rahmen einer gesamtstaatlichen Cyber-Strategie der Bundesregierung aufbauen.
5. Aufstockung der Auslandseinsätze entsprechend den strategischen Interessen der Republik.

Wenn man das heute liest und anschließend die Stellungnahme des Verteidigungsministers der Übergangsregierung, Thomas Starlinger, hört, kann man sich nur wundern. Generalmajor Starlinger spricht von baldiger Pleite, wie ein Unternehmer, der keine positive Fortführungsprognose mehr bekommt und der Insolvenz ins Auge blickt. Der Verteidigungsminister ließ sofort nach Amtsantritt die traditionelle Schau des Bundesheeres am 26. Oktober am Wiener Heldenplatz absagen. Kein Geld. Das mag ein symbolischer Hilferuf gewesen sein, aber einer mit sachlichem Hintergrund.

Das Geld fehlt überall, wie Generalmajor Starlinger ganz offen sagte: „Es ist wie bei einem großen Baum, an dem die Biber in den vergangenen Jahren herumgeknabbert haben. Jetzt ist der Baum so weit, dass er kippt." Ohne zusätzliche Mittel sei das Bundesheer schon im Jahr 2020 pleite, alleine die Betriebs- und Personalkosten würden „die Budgetlinie durchbrechen". Was das heißt, wurde Starlinger, der bis dahin Adjutant von Bundespräsident van der Bellen war, gefragt: „Dann gibt es kein Geld mehr für Treibstoff, für Überstunden oder Munition." Es sei nicht einmal Geld für Strom- oder Wasserrechnungen da. Starlinger: „Ich habe beim Auto kein Geld mehr für die Pickerlüberprüfung. Und die Vorratskammer ist leer."

FPÖ-Verteidigungsminister Mario Kunasek hat einstweilen vom Amt des Landeshauptmanns geträumt, während das Bundesheer seinen Geist aufgab. Nur ein Prestigeprojekt hat Kunasek verfolgt: eine Sicherheitsschule in Wiener Neustadt für 30 Millionen Euro. Der auch in vielen Auslandseinsätzen bewährte Generalmajor Starlinger auf die Frage, ob das Heer diese Schule brauche? „Nein." Ein Offizier brauche Matura, egal in welcher Schule, die Ausbildung erfolge dann im Militär. Ausgerechnet die drei Parteien, die die „Pleite" (Copyright Starlinger) des österreichischen Bundesheeres zu verantworten haben, also ÖVP, FPÖ und auch die SPÖ, haben im Parlament dieses sinnlose Schulprojekt beschlossen – und damit das Bundesheer weiter geschwächt.

Oberbefehlshaber des Bundesheeres ist Alexander van der Bellen, Generalmajor Starlinger war sein Adjutant. Der Bundespräsident hat im Dezember 2018 in einem Tagesbefehl verlangt, „den verfassungskonformen Zustand des Bundesheeres wiederherzustellen". Er hat also darauf aufmerksam gemacht, dass die österreichische Armee nicht wirklich in der Lage ist, ihre Aufgaben zu erfüllen. Er schrieb damals, dass er auf die Budgetverhandlungen genau schauen werde. Das hat offenbar nicht gereicht.

Was die Politik in Österreich bisher auch nicht schafft, ist eine ehrliche Debatte über die Neutralität. Die Neos haben im EU-Wahlkampf 2019 eine gemeinsame europäische Armee gefordert, die mit der Neutralität vereinbar sein solle. Darüber kann man reden, aber noch wichtiger wäre es, einmal die Notwendigkeit für die Verteidigung Österreichs zu analysieren. Wo kommen künftige Gefahren her, wer sind unsere Verbündeten? Wo sind mögliche Aggressoren – und wie könnten sie uns angreifen?

Gerade der Hinweis auf mögliche Cyberangriffe ist ja interessant. Die kommen oft aus Russland, aber mit der Partei von Staatspräsident Wladimir Putin hat die FPÖ im Dezember 2016 eine Vereinbarung über „Zusammenwirken und Kooperation" geschlossen.

Die Frage, ob es wirklich Bundesheer und Neutralität waren, die unsere Sicherheit seit dem Jahr 1955 gewährleisten, darf und muss man natürlich auch stellen. Unvergessen bleibt ein Hintergrundgespräch mit dem damaligen deutschen Bundeskanzler Helmut Kohl. Deutsche und französische Truppen haben im Jahr 1987 in Süddeutschland die gemeinsame NATO-Übung „Kecker Spatz" abgehalten. Dabei gab es auch die Übungsannahme, dass russische Panzer durch das Donautal, also durch Österreich kommend, angreifen würden. Die NATO hätte in einem solchem Fall die Verteidigung schon auf österreichischem Territorium aufgenommen, im Gespräch waren sogar sogenannte Rucksack-Atombomben. Ich konfrontierte Helmut Kohl mit dieser Übungsannahme und mit der Frage, wie die NATO die Neutralität Österreichs verletzen könne. Seine nicht gerade freundlich vorgetragene Antwort: „Sie wissen schon, wer Ihre Sicherheit und Ihre Freiheit garantiert. Das ist nicht Ihr Bundesheer und das ist auch nicht die Neutralität, das sind wir." Das hat gesessen, und ich wollte nicht weiter widersprechen.

Im Regierungsprogramm wird die Neutralität „wichtiger identitätsstiftender Faktor" genannt, und dem kann man nichts entgegenhalten. Aber das ist nur ein Blick zurück in die Vergangenheit. Heute muss sich die Politik in Österreich die Frage stellen, wie die Sicherheit der Bevölkerung am besten gewährleistet wird. Mit einer Erklärung aus dem Jahr 1955, die damals richtig und notwendig war, um die Freiheit wieder zu erhalten? Wohl nicht. Sondern eher in Zusammenarbeit mit unseren Partnern in der Europäischen Gemeinschaft. Mit ihnen müssen wir militärisch und zivil kooperieren, da ist kein Beitritt zur NATO nötig, noch dazu, wo dieses Bündnis durch Donald Trump bereits weniger europäisch orientiert ist. Zur Wahrheit gehört aber auch, dass die Sicherheit Österreichs nicht von anderen Staaten finanziert werden wird.

14. Der Bruch

Jede Österreicherin und jeder Österreicher, die sich auch nur am Rande für Politik interessieren, erinnern sich, wann, wo und wie sie das erste Mal vom Ibiza -Video gehört haben. Ich saß zuhause, als ich davon um ungefähr 18 Uhr an diesem Freitag, dem 17. Mai 2019 über Twitter von der Website der *Süddeutschen Zeitung* erfuhr. Die Seite des *SPIEGEL* hatte auch das Video, der *Falter* war als österreichisches Medium involviert.

Wann hat Sebastian Kurz von dem Video erfahren? Das habe ich schriftlich über seinen Pressesprecher angefragt. Hier seine Antwort: „Heinz-Christian Strache hat am Vorabend der Veröffentlichung um ein Vier-Augen-Gespräch gebeten. Dabei hat er mir mitgeteilt, dass etwas veröffentlicht wird. Details wollte oder konnte er nicht nennen. Die veröffentlichten Teile des Videos habe ich am Freitag um 18 Uhr gesehen, als sie online gingen."

Kurz hatte also 24 Stunden Zeit, um über mögliche Konsequenzen nachzudenken. Dadurch, dass Strache zu ihm kam, war schon klar, dass da etwas Dramatisches auf die Regierung zukam. Kurz kennt bis heute nur den kurzen, veröffentlichten Teil des Videos, teilt er auf Anfrage mit, allerdings habe Strache eingestanden, schlecht über ihn geredet zu haben. Kurz: „Heinz-Christian Strache hat im Vier-Augen-Gespräch lediglich angemerkt, dass auch ungute Äußerungen über mich getätigt wurden. Dafür hat er sich entschuldigt."

Am 18. Mai mittags meldet sich Strache zu Wort: „Das Gerücht lag schon länger in der Luft, dass über das Ausland Dirty Campaigning zu befürchten ist." Man habe schon öfter versucht, ihn zu Fall zu bringen, spielte er schon das Opfer, aber immerhin gestand er ein: „Ja, es war dumm, es war ein Fehler."

Es gab an diesem Samstag, dem 18. Mai mehrere Konsultationen im Kanzleramt. Dass Strache nicht Vizekanzler bleiben könne, war klar. Aber sowohl Kurz als auch Strache wollten die Fortführung der Koalition. Kurz hatte allerdings eine Bedingung: den Rücktritt von Innenminister Kickl. Aber warum Kickl? Er hatte doch mit dem Video nichts zu tun. Kurz dazu auf schriftliche Anfrage: „Wie ich bereits erklärt habe, war für mich klar, dass die schwerwiegenden Vorwürfe rund um Ibiza unabhängig und vollständig aufgeklärt werden müssen. Es gab große Zweifel, ob die umfassenden Ermittlungen aller Behörden mit einem Innenminister Kickl, der damals Generalsekretär der FPÖ war, sichergestellt sind. Er ließ zudem in einer derartigen Situation die notwendige Sensibilität vermissen."

Frage: Und warum hat dann die Entscheidung über Neuwahlen an jenem Wochenende so lange gedauert? Gab es Leute in der FPÖ, die ohne Kickl weitermachen wollten?

„Eine Entscheidung, Neuwahlen anzukündigen, ist nicht so eine wie, ob ich am Sonntag aus der Zeitungstasche eine Ausgabe des *KURIER* nehme oder nicht. Es geht dabei immer um das Wohl der Republik: Es wurden zahlreiche Gespräche geführt und verantwortungsvoll abgewogen. Aus der Sicht einiger internationaler Medien ist die Entscheidung sogar sehr schnell getroffen worden."

Wir lernen: Die Entscheidung, am Sonntag den *KURIER* aus einer Zeitungstasche zu nehmen, geht schnell bei Sebastian Kurz. Aber: Vielleicht war die Entscheidung, Herbert Kickl aus der Regierung zu entlassen, schon vor diesem Wochenende gefallen. Dafür gibt es einige Anhaltspunkte.

Im BVT-Untersuchungsausschuss hat sich Kurz für einen Regierungschef erstaunlich uninformiert gezeigt. Glaubt man seiner Aussage, hatte er sein Wissen nur aus den Medien, wobei er wichtige Details überhaupt nicht kannte.

Noch vor Bekanntwerden des „Ibiza-Videos" gab es eine Debatte darüber, warum der Kanzler nicht mehr Informationen der Geheimdienste hatte, die den beiden FPÖ-Ministern Kickl und Kunasek unterstanden. Im Regierungsprogramm war festgelegt worden, dass Berichtspflichten von BVT, Abwehramt und Heeres-Nachrichtendienst an Kanzler und Vize festgelegt werden müssen. Erstaunlicherweise hatte der so auf Kontrolle bedachte Kurz noch nicht auf Umsetzung dieser Vereinbarung gedrängt. Als die Diskussion im April 2019 losging, war bei der FPÖ Feuer am Dach, Generalsekretär Hafenecker kam mit einer deutlichen Aussendung, die Nervosität ausstrahlte: „Es scheint für die Medien in diesem Land in den letzten Tagen zum guten Ton zu gehören, einen angeblichen Unfrieden in der Koalition herbeizuschreiben und dabei sämtliche Fakten außen vor zu lassen. So wird behauptet, Bundeskanzler Sebastian Kurz würde Innenminister Herbert Kickl das Vertrauen entziehen und ihn entmachten, indem er sich zukünftig direkt von den Geheimdiensten berichten lässt. Fakt ist aber, dass hier ganz klar ein von FPÖ und ÖVP erarbeiteter Punkt im Regierungsprogramm umgesetzt werden soll. Darin wurde gemeinsam festgelegt, dass Berichtspflichten des Bundesamtes für Verfassungsschutz und Terrorismusbekämpfung, des Heeres-Nachrichtenamtes und des Abwehramtes an den Bundeskanzler und den Vizekanzler eingerichtet werden", so FPÖ-Generalsekretär Christian Hafenecker in der APA. Und weiter: „Hier von einer Entmachtung oder einem Vertrauensverlust zu sprechen, ist mehr als absurd, vor allem da sowohl dem Innenminister als auch dem Verteidigungsminister mit dieser Regelung keine Kompetenzen entzogen werden. Die Einführung einer Berichtspflicht der Geheimdienste an den Bundeskanzler, als auch an den Vizekanzler ist logisch und nachvollziehbar. Diese haben als Vertreter Österreichs für die Sicherheit der Bevölkerung zu sorgen und es ist daher notwendig, dass diese entsprechend über Vorgänge zeitnah informiert werden. Es stellt sich wohl viel mehr die Frage, warum die Regierungsspitze bisher solche Informationen nicht erhalten hat." Gute Frage, vielleicht wollte sich Kurz mit Details nicht beschäftigen, und mit Geheimdienst-Infos lassen sich auch keine Fotos inszenieren. Aber im April 2019 hatte Kurz verstanden, dass Kickl schon viel weiter war, als er sich das hätte vorstellen können.

Kurz hat wohl Kickls Aktivitäten, nur ihm loyale Einheiten in BVT und Polizei aufzubauen, schon mitbekommen, und zwar nicht nur aus den Medien, wie er vor dem BVT-Ausschuss erklärte. Kurz muss gewusst haben, dass ihm Kickl gefährlich werden würde. Die ÖVP hatte ja noch Vertrauensleute im Innenministerium. Die Gefahr für Kurz, die von Kickl ausging, wurde spätestens bei der bereits zitierten Parlamentssitzung durch Kickls unverhohlene Drohungen, „dass wir noch Dinge erfahren werden und ein Sittenbild zum Vorschein kommen wird", bestätigt. Was der frühere Innenminister da noch in der Schreibtischlade hatte, oder ob es eine leere Drohung war, das war bis Mitte Juli nicht klar.

Sicher aber ist: Herbert Kickl ließ überall Informationen sammeln, warum nicht auch über Kurz?

Also stellte ich Sebastian Kurz auch folgende Frage: „Gab es (vor Ibiza) einen Anlass, wo Sie schon die Regierung beenden wollten?"

Kurz: „Natürlich habe ich auch immer wieder viel aushalten müssen. Ich habe aber trotzdem im Sinne der inhaltlichen und erfolgreichen Arbeit nicht ständig die Zusammenarbeit infrage gestellt. Eine nicht mehr tragbare Grenzüberschreitung waren die Enthüllungen des Ibiza Videos. Zu diesem Zeitpunkt war klar: Genug ist genug."

Wie hat Sebastian Kurz gegenüber Kickl begründet, dass dieser aus der Regierung ausscheiden müsse? Dazu teilt uns Kickl seine Sicht der Dinge auf Anfrage mit:

172

„Vorweg: Die Forderung, ich müsse das Innenressort verlassen, war weder am Freitag noch am Samstag in den Acht-Augen-Gesprächen (Sebastian Kurz, Heinz-Christian Strache, Stefan Steiner und ich) ein Thema. Sie wurde erst erhoben, nachdem wir unseren Teil der Vereinbarung – die Rücktritte von Heinz-Christian Strache und Johann Gudenus von allen Funktionen – eingehalten hatten. Via Norbert Hofer ließ mir die ÖVP im Laufe des Samstagnachmittags mitteilen, dass ich das Innenressort zu verlassen hätte. Begründung war: Ich könne nicht gegen mich selbst ermitteln. Das ist erstens insofern Unsinn, als ich als Generalsekretär nicht für die finanziellen Belange der Partei zuständig war – das ist Aufgabe des Bundesfinanzreferenten in Kombination mit dem Bundesgeschäftsführer. Zweitens ist die Herrin des Verfahrens die Justiz und drittens fiel das für derartige Ermittlungen zuständige BAK in den Zuständigkeitsbereich der Staatssekretärin im BMI.

Kurz schlug vor, dass ich ein anderes Ressort übernehmen könne, genannt wurde das Verkehrsressort, bzw. ich könne ja auch FPÖ-Klubobmann werden. Das Angebot der Freiheitlichen, dass statt mir ein anderer Freiheitlicher das Innenressort übernehmen könne, wurde von der ÖVP abgelehnt.“

Kickl war nach seiner Aussage also zum Wechsel in ein anderes Ressort bereit. Kurz wollte das Innenministerium zurück, hätte aber mit Kickl in einem anderen Ministerium weiter gearbeitet. Da werden im Wahlkampf noch mehr Widersprüche auftauchen.

Nochmals: Das „Ibiza-Video“ kann kein sachlicher Grund für die Entlassung Kickls gewesen sein. Sebastian Kurz hat dann noch versucht, die ausscheidenden FPÖ-Minister durch Fachleute zu ersetzen, um selbst bis zur Wahl als Bundeskanzler auftreten zu können. Dabei muss ihm klar gewesen sein, dass er keine Mehrheit mehr im Parlament hatte. Hier rächte sich, dass es offenbar keinen Gesprächsfaden mehr zur SPÖ gab, oder er wollte ohnehin beweisen, dass er mit den Sozialdemokraten nichts zu tun haben wollte. Die SPÖ war in dieser Phase etwas von der Rolle. Der burgenländische Landeshauptmann Hans-Peter Doskozil übernahm nach außen die Führung und erklärte die Notwendigkeit der Abwahl mit der innerparteilichen Dynamik: „In der jetzigen Situation ist die Abwahl insbesondere mit Blick auf die Parteiinterna richtig", sagte Doskozil in einem Interview mit der *Presse* und Bundesländerzeitungen. Der burgenländische SPÖ-Chef war sich sicher: „Das hat ein Stadium erreicht, wo wir parteiintern nicht mehr zurückkönnen." Diese taktischen Spielchen haben wahrscheinlich wenig Auswirkungen auf das Wahlergebnis. Die SPÖ hatte einen Erfolg, Kurz wiederum konnte das Opfer geben.

Die kommenden Wahlen werden wohl von Stimmungen und Emotionen entschieden werden, und von der Frage, ob es der SPÖ doch noch gelingt, ein Duell um das Amt des Bundeskanzlers zu inszenieren. Zu Beginn des Vorwahlkampfs schien es nicht so, da ging es nur darum, wie und mit wem Kurz weiterregieren werde.

15. Große Themen für Österreichs Zukunft

Politikerinnen und Politiker von ÖVP und FPÖ gaben sich dem Bruch der Koalition gleichermaßen betrübt. Das Ende von Türkis-Blau sei zu bedauern, weil man so viel vorgehabt habe, ja schon so viel angestoßen. Norbert Hofer im *Standard* am 25. Juni 2019: „Wenn ich als Minister unterwegs war, habe ich von den Leuten oft gehört: ‚Machts weiter so – und tuts ja net streiten!' Daher würde ich die Koalition mit der ÖVP bei einem guten Wahlergebnis für uns, also über 20 Prozent, gern fortsetzen – damit wir unser Regierungsprogramm weiter abarbeiten können. Denn das war gut."

Das Regierungsprogramm enthält auf 179 Seiten viele Vorsätze und noch mehr Allgemeinplätze. Aber niemand wird bestreiten, dass das Wahlergebnis von 2017 in erster Linie von der strikten Anti-Flüchtlingspolitik bestimmt war, die die ÖVP mit relativ freundlichem Gesicht und die FPÖ mit ihren alten Parolen bestritten hat. Umwelt und Klimakrise haben damals überhaupt keine Rolle gespielt. Im Regierungsprogramm finden sich ganze fünf Seiten als Unterkapitel im Kapitel „Standort und Nachhaltigkeit". Der Tempo-140-Minister Norbert Hofer hat auch noch immer nicht ganz verstanden, worum es geht, Im KURIER meinte er ebenfalls am 25. Juni auf die Frage, ob die Blauen jetzt grün werden: „Grün habe ich nicht gesagt, wir bleiben Blau. Mein Motorrad braucht drei Liter Treibstoff auf 100 Kilometer. Das ist durchaus umweltfreundlich. Wenn ich mit meinem Flugzeug nach Kroatien fliege, dauert es eine Stunde und zehn Minuten. Mit dem Auto fahre ich sieben Stunden. Das Fliegen ist daher keine Mehrbelastung. Bei allem, was wir für den Umweltschutz tun, soll man dem Menschen nicht die Freude nehmen. Hobbys nun zu untersagen – davon halte ich nichts." Mit dem Flugzeug die Umwelt retten, das ist allerdings ein neuer Ansatz.

Gleich, welche Themen noch kommen werden, im Wahlkampf und für das Wahlergebnis entscheidend wird die Stimmung sein. Das ändert nichts daran, dass vor der neuen Regierung große Aufgaben liegen. Und nach der Erfahrung der 17 Monate Kurz/Kickl werden wir darauf achten müssen, ob nach der Wahl der nächste Versuch kommt, in Richtung eines autoritären Staates zu gehen. Die beste Versicherung dagegen ist Bildung. Das ist aus mehreren Gründen die zentrale Frage für unsere Zukunft. Da wurde sehr viel versäumt, nicht zuletzt, weil Bildung – etwa bei einem Teil der Lehrer – auch Ländersache ist und es im Nationalrat für Beschlüsse eine Zweidrittelmehrheit braucht. Es gab also viele Polit-Spielchen, aber wenige sinnvolle Reformen.

Die große Bildungsreform

Ohne Bildung keine Demokratie. Ohne Bildung kein Rechtsstaat. Die beste Möglichkeit, den Weg in den autoritären Staat zu blockieren, sind Bürgerinnen und Bürger mit starkem Selbstbewusstsein und einem Sinn für Freiheit. Und das bekommt man nur mit grundsätzlicher Bildung und einer Ausbildung, die Sicherheit für die nächsten Jahre gibt.

Es ist kein Zufall, dass gerade so viele Bücher über die Aufklärung erscheinen, sie ist massiv gefährdet. Gerade in einer Zeit, in der wir theoretisch über das größte Wissen verfügen, das es je gegeben hat, verführen uns die digitalen Medien permanent in die Welt der ungesteuerten Emotionen. Da ist der Satz von Immanuel Kant stets ein guter Wegbegleiter: „Aufklärung ist der Ausgang des Menschen aus seiner selbstverschuldeten Unmündigkeit. Unmündigkeit ist das Unvermögen, sich seines Verstandes ohne Leitung eines anderen zu bedienen. Selbstverschuldet ist diese Unmündigkeit, wenn die Ursache derselben nicht am Mangel des Verstandes, sondern der Entschließung und des Muthes liegt, sich seiner ohne Leitung eines anderen zu bedienen. Sapere aude! Habe Muth, dich deines eigenen Verstandes zu bedienen!" So hat Kant die Aufklärung recht einfach erklärt.

Wir müssen von Mut reden, weil so viel Angst in der Gesellschaft geschürt wird, von der einige wenige dann profitieren. Deshalb müssen die Bildungseinrichtungen vom Kindergarten bis zur Elite-Uni, von privaten Einrichtungen bis zur Volkshochschule gestärkt werden. Und Bund und Länder müssen mit den sinnlosen und alles zerstörenden Kompetenzdebatten aufhören.

Stellen Sie sich vor, Sie haben einen Betrieb mit 100 Angestellten. Von 50 wissen Sie, was sie tun, von den anderen 50 aber nicht. Aber Sie bezahlen sie alle regelmäßig. Gibt's das? Ja, natürlich nicht in der Privatwirtschaft, aber ungefähr so ist unser Schulsystem organisiert. Nur, dass es da nicht um 100 Leute geht. Das Schulbudget macht 8,6 Milliarden Euro aus, 83 Prozent davon geht an die Lehrer. Aber wo sind die alle? „Wir wissen es nicht", sagt die Bildungsexpertin Heidi Schrodt. Sie sind in Bundes-oder Landesschulen angestellt und arbeiten natürlich alle. Aber eine effiziente Organisation kann man so nicht aufbauen.

Wir sollten aber wissen, wo das Geld hingeht, weil es in den Regierungsverhandlungen wieder ums Geld gehen wird. Sicher brauchen wir mehr Lehrerinnen und Lehrer in der Volksschule. „Fast alle Kinder, die zu uns in die Mittelschule kommen, können nicht lesen und schreiben", sagte die Direktorin Andrea Walach. Dieser Pädagogin sind wir dankbar, weil sie schon vor Jahren im *KURIER* darauf aufmerksam gemacht hat, dass zu viele Schülerinnen und Schüler einfach kein Deutsch können. Und das ist allen im Land egal? Wo ist der Aufschrei?

Wir brauchen auch einen Dialog mit den Lehrerinnen und Lehrern, der sich nicht auf dem Niveau von Gewerkschaftsverhandlungen abspielt – mehr Arbeit, mehr Geld. Vertreter von finnischen Unternehmen in Österreich erzählen, dass der entscheidende Unterschied ihres Schulsystems darin liegt, dass bei einem Misserfolg von Schülern auch darüber geredet wird, was im Unterricht falsch gelaufen ist. Da geht es nicht um Schuldzuweisung, sondern um die individuelle Beschäftigung mit jedem einzelnen. Dazu kommt die Notwendigkeit umfassender Betreuung am Nachmittag. Niemand kann erklären, warum nur am Vormittag gelernt wird. Gerade Kinder, deren Eltern nicht helfen können, müssen am Nachmittag mit Lehrern lernen können. Und bei Kindern, deren Eltern nicht verstehen, wie wichtig Bildung ist, müssen mehr Sozialarbeiter eingesetzt werden. Jedes Kind muss gleiche Chancen haben, weil es selbst ein Recht darauf haben muss, und weil die Gesellschaft einen Anspruch darauf hat, dass jede und jeder nach ihren und seinen Möglichkeiten sich einbringt.

Der vergangenen Bundesregierung war die Notengebung wichtig. Besser wäre es, nicht nach hinten, zu alten pädagogischen Konzepten zu schauen, sondern nach vorne. Aber welche Fähigkeiten werden unsere Kinder in zwanzig, dreißig oder vierzig Jahren in ihren Berufen brauchen? Die ehrliche Antwort lautet: Das weiß heute niemand. Sie müssen also so ausgebildet werden, dass sie lernfähig, kommunikativ und flexibel sind. Sie werden mehrere Berufe in ihrem Leben haben. Und diese Berufe werden sich verändern.

Der Bildungsexperte Andreas Salcher fordert regelmäßig, dass bei den Jüngsten mehr Geld zu investieren ist. Insgesamt sei ja genug Geld vorhanden, aber zunächst müsse die Ausbildung der Pädagoginnen und Pädagogen für die Kindergärten deutlich verbessert werden.

Elite-Unis werden dringend benötigt

Bei einem Besuch in der südkoreanischen Hauptstadt Seoul mit Christoph Leitl, dem damaligen Präsidenten der Wirtschaftskammer Österreich kamen wir auch in das Korea Advanced Institute of Science and Technology, kurz „KAIST". Das Motto dieser Eliteuniversität ist einfach: „Education for the world, research for the future."

Als diese Spitzenuniversität im Jahr 1971 gegründet wurde, war Südkorea noch nicht einer der führenden Staaten in der Informationstechnologie. Aber KAIST hat dazu beigetragen, dass die Koreaner heute so stark und erfolgreich sind. Die Universität ist staatlich organisiert, Kooperationen mit Industrieunternehmen sind selbstverständlich. Österreich hat gute Universitäten, aber keine ist bei den führenden dabei. Wir sind nicht nur reich genug, unsere Hochschulen zu verbessern und auch eine Elite-Uni zu gründen. Man kann es auch umgekehrt sehen: Wir sind zu arm an Rohstoffen, um nicht mehr Geld in Wissenschaft und Forschung zu stecken. Wichtig wäre auch, für eine bessere Zusammenarbeit zwischen Unis und Industrie zu sorgen.

In vielen österreichischen Universitäten arbeiten Forscherinnen und Forscher, die in ihrem Bereich zur weltweiten Spitzenklasse gehören. Aber nicht wenige erzählen, dass sie durch Budgetkürzungen bald nicht mehr mithalten können.

Und noch ein sehr ernster Punkt: Die populistische Rechte neigt auch dazu, Erkenntnisse der modernen Wissenschaft zu leugnen. Dafür aber ist sie leicht für Verschwörungen zu begeistern. Im Jahr 2013 wollte Norbert Hofer mittels einer parlamentarischen Anfrage an den Verteidigungsminister wissen, ob es dort Erkenntnisse über „Wettermanipulation durch Sprühflüge" gibt. Da ging es um die berühmten „Chemtrails", die in rechten Medien regelmäßig auftauchen. Sogar beim Rauchen sind sich FPÖ-Abgeordnete nicht ganz sicher, ob es gesundheitsschädlich ist. Wer die Wissenschaft ablehnt, lehnt jeden Fortschritt und damit eine moderne Gesellschaft ab.

Eliten oder die „Hautvolee" wurden ja ausgerechnet von Norbert Hofer im Präsidentschaftswahlkampf 2016 abgelehnt.

Er sei lieber „bei den Menschen". Auch das passte in den Befund, dass den Rechten Wissenschaft und Spitzenausbildung verdächtig sind. Außer wahrscheinlich bei der Auswahl von Medizinern für den eigenen Bedarf. Aber es geht auch hier wiederum nur darum, die Gesellschaft zu spalten, das wichtigste Rezept der Rechtspopulisten.

Bei einer Veranstaltung in Wien meinte Michel Ignatieff, der Historiker und Rektor der Central European University, die von Budapest nach Wien übersiedelt: „Universitäten sind Eckpfeiler einer Demokratie. Wenn die Unis nicht frei sind, dann ist auch die Gesellschaft nicht frei."

Die Klimakrise

Diese ist ebenso klar, und zwar nicht nur zu spüren, sondern wissenschaftlich belegt. In rechten, der FPÖ nahestehenden Medien macht man sich über die entsprechenden Warnungen lustig. Tempo 140 war dem Infrastrukturminister Hofer wichtiger, auch hier hat die ÖVP zugeschaut.

Der heiße Sommer beeinflusst aber dann doch den Wahlkampf. Kein Wunder, dass Sebastian Kurz nicht mehr die Balkanroute schließen will, sondern CO_2-neutral auftreten will. Wasserstoff statt Migration, aber das ist leider noch nicht so ausgereift, wie Kurz das gerne hätte. In Norwegen ist am Pfingstmontag eine Wasserstofftankstelle explodiert, was noch nicht grundsätzlich gegen diese Technik spricht, sondern gegen die dortige Montage.

Seit den 1980er Jahren gibt es Versuche, aus Wasserstoff einen Energieträger zu machen. Dabei wird aber mit fossiler Energie wie Erdgas gearbeitet. Viele Wissenschaftler glauben also eher an Stromautos. Da wiederum sind die Batterien noch nicht leistungsfähig genug, aber daran wird gearbeitet. Und mehr Stromtankstellen, vor allem in Städten, wäre schon ein

konkretes Programm, hier haben wir im Vergleich zu Nord-
europa großen Nachholbedarf. Wie auch immer: Das Thema
eignet sich nicht für die schnelle Schlagzeile oder den lockeren
Slogan, ist also für einen Wahlkampf ungeeignet.

Umso mehr müssen Ziele formuliert werden. Im letzten
Regierungsprogramm kommt die Umwelt erst auf Seite 169
und bietet nicht mehr als eine Versammlung von Allgemein-
plätzen. Man wolle „einen Mittelweg gehen", sagte Umweltmi-
nisterin Elisabeth Köstinger damals. Das wird künftig nicht
reichen. Vorgesehen war bisher ein Dekarbonisierungspfad
bis 2050, dann soll kein Kohlenstoff mehr verwendet werden.
Die nächste Regierung wird ehrgeiziger sein müssen, weil wir
bei den Klimazielen ohnehin hinten liegen, was noch teuer
werden kann. Im Mai hieß es, dass Umweltministerium sowie
Umweltbundesamt davon ausgehen, dass für die gesamte Pe-
riode zwischen 2021 und 2030 – je nach CO_2-Preis – Kosten in
der Höhe von 1,3 bis zu 6,6 Milliarden Euro für den Ankauf von
Emissionszertifikaten anfallen könnten.

Umweltschutz wird immer mehr ein wirtschaftspoliti-
sches Thema im Sinne der „Green Economy". Er muss aber
auch die gesellschaftspolitische Debatte angestoßen werden,
wie sie Erhard Busek im Vorwort mit folgendem einfachen Satz
beschreibt: „Was brauchen wir wirklich für ein auskömmliches Leben?" Da schimmert das Wort Verzicht durch, für einen
Wahlkampf nicht unbedingt ein großer Schlager, für die Zeit
danach ein wichtiges Thema.

Die ökologische Steuerreform

Steuer kommt von steuern, und natürlich muss ein Staat mit
Steuern wirtschafts- und gesellschaftspolitische Akzente set-
zen. Die Ansage „Keine neuen Steuern", wie sie die vergangene
Regierung gemacht hat, ist also nichts anderes als der Verzicht

auf Gestaltung. Jeder, der schon einmal auch nur eine Person angestellt hat, kennt die enormen Lohnnebenkosten, bei denen Österreich führend unter den Industriestaaten ist. Diese Kosten müssen gesenkt werden, nicht zuletzt in Hinblick auf den weiteren Einsatz von Robotern.

Und die Klimakrise zwingt geradezu zum Steuern. Klimasünder zahlen höhere Steuern, wer die Umwelt weniger belastet, zahlt auch weniger. Eine CO_2-Steuer sollte zum nächsten Regierungsprogramm gehören. Und unnötig zu sagen: Wenn sich die EU insgesamt als Industriestandort versteht, sollten solche Maßnahmen natürlich gemeinsam abgestimmt und beschlossen werden.

Ein finanzierbares Sozial- und Pensionssystem

Auch dieses Thema muss man unter einem gesellschaftspolitischen Gesichtspunkt sehen. Wer den autoritären Staat will, der sucht jede Gelegenheit zur Spaltung der Gesellschaft. Wir haben eine Mischung aus Versicherungssystem und Solidarsystem, damit jede und jeder die nötige gesundheitliche Versorgung bekommt. Und wer sich selbst nicht helfen kann, der muss unterstützt werden. Da kann und muss man über die vielen komplizierten Details streiten, aber bitte nicht darüber, ob jemand Inländer oder Ausländer ist.

Und das Pensionssystem muss so abgesichert werden, dass es auch hier zu keiner Spaltung kommt und junge Leute den Glauben daran verlieren, im Sinne des Umlagesystems auch einmal eine Absicherung im Alter zu bekommen. Die Formel, dass längeres Leben auch längeres Arbeiten bedeuten sollte, scheint rechnerisch selbstverständlich, ist es politisch aber leider nicht.

Mehr Demokratie wagen

Der Slogan stammt aus der ersten Regierungserklärung von Bundeskanzler Willy Brandt im Jahr 1969. Und er erscheint so aktuell wie lange nicht. Der Verein *Respekt.net* hat sich die Stärkung der Zivilgesellschaft und die demokratische Kontrolle der Institutionen des Staates zum Ziel gemacht. Gründungspräsident Martin Winkler hat vor der Wahl einige Vorschläge vorgelegt, wie Bereiche, die traditionell von der jeweiligen Regierung und deren Parteigängern dominiert werden, demokratischer geführt werden könnten. Er nennt zunächst den Rechnungshof. Der solle in ein Kollegialorgan mit zumindest zwei Führungskräften umgebaut werden, wovon jedenfalls eine von der Opposition nominiert wird.

Beim Verfassungsgerichtshof sollte die Nominierung auf eine breitere politische Basis gestellt werden. Dafür sollte es einen Mechanismus geben, der auch Oppositionskandidaten sowohl beim Regierungsvorschlag als auch bei den Vorschlägen von Nationalrat und Bundesrat zwingend umfassen muss.

Auch die Nominierung des Generalrats der Oesterreichischen Nationalbank sollte wieder auf eine breitere politische Basis gestellt werden. Gleiches sollte auch für die Besetzung des Direktoriums gelten. „Grüne oder neonpinke Direktorinnen bzw. Direktoren sollten nicht auf ewige Zeiten machttechnisch unmöglich sein", so Winkler.

Beim öffentlich-rechtlichen *ORF* schlägt *Respekt.net* vor, die Besetzung des Stiftungsrates deutlich zu verändern. „Der Stiftungsrat soll sich vor allem aus anerkannten Medien- und Wirtschafts-Expertinnen und Experten zusammensetzen – nach einem transparenten Bestellungsvorgang. Nicht die parteipolitische Zuverlässigkeit sollte das wichtigste Kriterium für die Bestellung sein, sondern Fachkompetenz. Internationale Experten aus anderen öffentlich-rechtlichen Einrichtungen sollten zumindest ein Drittel der Stiftungsräte ausmachen."

Winkler: „Mit diesen Maßnahmen würden wichtige Kontrolleinrichtungen gestärkt. Wenn autoritärer regiert werden soll, dann braucht es auch mehr und politisch breiter legitimierte Kontrolle."

Das vereinte Europa

Wenn es um Europa geht, bin ich immer besonders emotional. Im Frühjahr 1981, nach dem Jusstudium in Wien, einem Jahr an der Johns Hopkins University in Bologna und Aufenthalten in den USA und in Lissabon durfte ich bei der Kommission in Brüssel ein Praktikum machen. Wir waren rund 100 junge Leute, einige sogar aus Ostblockländern. Wir hatten in unseren Büros genug zu tun, was auch sehr lehrreich war, aber am Abend saßen wir in Wohnungen oder Restaurants in unterschiedlichen Gruppen zusammen. Und manchmal, wenn es um Politik und die Geschichte unserer Heimatländer ging, sprachen wir über unsere Väter. Vielleicht standen manche von ihnen einander einst gegenüber, an irgendeiner Front in Europa. Und wir unterhielten uns über unsere Reisen per Autostopp statt in Militärfahrzeugen – und unsere unbegrenzt scheinenden Zukunftschancen. Ein vereintes Europa, das ist nicht irgendein Friedensprojekt, das ist die erstmalige Antwort und vielleicht einmalige Chance auf Jahrhunderte grausamer Kriege und auf die schlimmsten Verbrechen der Menschheitsgeschichte. Das habe ich damals gespürt, und das bewegt und motiviert mich heute noch – dass wir weiter auf einem Kontinent leben, auf dem unsere Kinder und Enkel ähnliche Chancen haben wie meine Generation.

Und dann sitzen die Staats- und Regierungschefs Ende Juni/Anfang Juli zusammen und pokern ganz offen um die wichtigsten Jobs in der EU. Was für eine Schande. Aber nicht für Europa, das ist eine Schande für die Nationalstaaten. Denn den nationalen Führern ging es wieder einmal nicht um die beste Lösung für die EU, sondern für ihre eigenen Staaten, für ihre Parteienfamilie oder überhaupt für sie selbst. Würden sie die EU ernst nehmen, müssten sie für eine Verwaltung sorgen, die dem Europäischen Parlament verantwortlich ist.

Die Vereinigten Staaten von Europa sind und bleiben eine wunderbare Vision, egal, welche Rückschläge es geben wird. Dazu gehören eine gemeinsame Außen- und Sicherheitspolitik. Die Neutralität Österreichs war im Jahr 1955 die einzig richtige Antwort auf den sich zuspitzenden Konflikt zwischen Ost und West nach dem Zweiten Weltkrieg, mit der Errichtung der beiden Militärblöcke NATO und Warschauer Pakt. Im Jahr 2019 brauchen wir andere Antworten für unsere Sicherheit.

16. Ausblick: Ist der Weg zum autoritären Staat gestoppt?

Im Wahlkampf 2017 gab es unzählige TV-Diskussionen zwischen den Spitzenkandidaten. Eine davon ist in Erinnerung geblieben, weil sie schon ahnen ließ, wohin die Reise nach der Wahl gehen könnte, wenn Kurz und Strache miteinander koalieren würden. Die beiden schenkten einander bei diesen Konfrontationen nichts, auch nicht bei dieser im ORF am 10. Oktober 2017. Bei einem Punkt wurde es dann interessant: Die beiden Parteichefs buhlten darum, wer denn den ungarischen Premierminister Viktor Orbán besser kennen würde. Strache meinte, Orbán gehöre zwar zur Parteienfamilie der ÖVP, aber er sei in vielen Punkten einer Meinung und pflege ein gutes Verhältnis zu ihm. Hier die wörtliche Wiedergabe des Livetickers:

Kurz zu Strache: „Sie bekommen bei Orbán nicht einmal einen Termin."

Strache: „Glauben Sie mir, wir haben uns schon mehrfach getroffen."

Kurz: „Aber ich kann dafür sorgen, dass Sie bei ihm einen Termin bekommen."

Und wie sagte Strache im „Ibiza-Video"? „Wir wollen eine Medienlandschaft ähnlich wie der Orbáns aufbauen." Der ungarische Premier kontrolliert 75 bis 80 Prozent des ungarischen Medienmarkts, aber jedenfalls alle wichtigen Medien. Was ihm lästig werden konnte, wurde – wie die Oppositionszeitung *Népszabadság* im Oktober 2016 – geschlossen, unter Mithilfe des österreichischen Geschäftsmannes Heinrich Pecina. Den konnte sich Strache auch als Helfer für eine Übernahme der *Kronen Zeitung* vorstellen – „Zack-Zack-Zack."

Wenn die FPÖ die Möglichkeit hat, wird sie weiter an ihrem Einfluss in den Medien arbeiten. Wobei sie hier wirklich einen erheblichen Rückschritt verkraften muss. Richard Schmitt, bis zum Erscheinen des „Ibiza-Videos" Chefredakteur von *krone. at,* wurde inzwischen entmachtet und nur mit gestreamten TV-Aktivitäten betraut. Strache hatte ihn allzu deutlich gelobt. Andere Medien werden der FPÖ gegenüber kritisch gegenüberstehen. Umso mehr werden Kickl und Co. auf Facebook und rechte beziehungsweise rechtsextreme Medien setzen, auch auf ausländische, von denen die österreichischen schon jetzt gerne Verschwörungstheorien aller Art übernehmen. Das wird zu einer weiteren Radikalisierung der FPÖ führen. Das muss die ÖVP wissen, wenn sie sich wieder mit dieser Partei einlässt.

Kurz wird es bei den Medien nicht um große Eigentümerwechsel gehen, seine Pressesekretäre vertrauen auf ihren Einfluss und ihre Methoden – da muss es oft auch „Zack-Zack-Zack" gehen, sonst geht die Interventionsmaschine los. Schon im Wahlkampf 2017 war zu beobachten, wie die ÖVP-Sprecher mit Nachhaltigkeit und Druck darauf hinarbeiteten, jeden Sonntag ihr Thema zu „spielen" – und zwar in allen Zeitungen. Das ging 2019 auch gleich wieder los. Überall dieselbe Botschaft, dieselben Formulierungen. Und wo nicht gespurt wird, erhalten Vorgesetzte und Eigentümer deutliche Anrufe. Da kann man allen nur taube Ohren und ein starkes Rückgrat wünschen, denn die Burschen sind nicht zimperlich.

Die Einschränkung der Freiheit

Die FPÖ macht wenigstens keinen Hehl daraus – sie will einen Staat a la Orbán: mit einem Anführer, der sich die Gesetze von abhängigen Parlamentariern so basteln lässt, wie er sie braucht, mit Oligarchen, die Wirtschaft und Medien dominieren, mit einer Bürokratie, die sich nicht dem Staat, sondern der Führung gegenüber loyal fühlt, mit einer völkisch und/oder religiös überhöhten Staatsidee und mit Bürgern, die nicht zu viele Fragen stellen. Und mit einer Europäischen Union, die sich nicht einmischt, sondern wie im Falle Ungarn das alles auch noch durch großzügige Subventionen finanziert. Das kann für uns kein Vorbild sein, unser Wohlstand braucht die Freiheit der Marktwirtschaft. Personell wird die FPÖ nach außen von Norbert Hofers Lächeln und nach innen von Herbert Kickls starrem Blick geführt. Sie haben unterschiedliche Rollen, aber ein ähnliches Weltbild.

Bei der ÖVP ist die Analyse komplizierter, da es sie als Partei so, wie sie einmal war, nicht mehr gibt. Ein Insider nennt die ÖVP einen „Hybriden" – alte Strukturen, auf die Sebastian Kurz einen kleinen Apparat draufgesetzt hat. Für diese kleine Gruppe rund um den Parteichef spielt die ÖVP keine Rolle, Kurz lebt das aus, was er sich bei der Übernahme der Führung im Mai 2017 versprechen ließ: den absoluten Durchgriff in inhaltlichen und personellen Fragen. Außer es sind existenzielle Interessen der Länder berührt, wie etwa in der Bildung oder bei den Spitälern. Nun gibt es auch Beispiele, wo die Landeshauptleute Unmut geäußert haben, wenn es allzu deftig gegen Ausländer oder Flüchtlinge ging, wie bei den 1,50 Euro Stundenlohn. Aber die große Debatte, welches Österreich denn die ÖVP wolle, wie wichtig die Freiheit des Einzelnen ist, ob das „christliche Menschenbild" mehr als eine Floskel sein soll, wie die Weiterentwicklung der Europäischen Union jenseits der Schlagworte von „Bürokratieabbau" und „Subsidiarität" aussehen soll – all diese Themen erspart man Sebastian Kurz. Und sei es nur, weil ohnehin keine Antworten erwartet werden. Die ÖVP hatte immer starke Grundsatzdenker in ihren Reihen, die einmal mehr und dann wieder weniger einflussreich waren, aber sie waren wichtig für die Entwicklung der Partei.

Das ist vorerst zu Ende, es geht also nur mehr um Machtfragen, und die werden sich nach der Wahl relativ schnell an der Gestaltung der Sicherheitsbehörden entscheiden. Wenn das klar ist, wird auch eher verständlich sein, ob und wie der Weg in den autoritären Staat weitergeht.

Für die ÖVP wird sich durch das Wahlergebnis mehr entscheiden als die Frage, wie viele Mandate sie bekommt. Wenn Sebastian Kurz dann – trotz aller Erfahrungen mit der FPÖ – wieder eine Koalition mit Rechtsaußen anstrebt, dann wird sich bald Widerstand regen. Vor allem in jenen Ländern, die solche Bündnisse ablehnen, wie Salzburg, Tirol und auch Vorarlberg. Ganz im Westen hat die ÖVP schon einmal Anstand gezeigt, als der damalige ÖVP Landeshauptmann Herbert Sausgruber im Jahr 2009 eine weitere Zusammenarbeit mit der FPÖ abgelehnt hat. Der FPÖ-Spitzenkandidat war zuvor mit einer antisemitischen Äußerung aufgefallen. Nein, die FPÖ ändert sich nicht.

Und nach allem, was im Innenministerium vorgefallen ist, wird Kickls Verhalten im Wahlkampf noch eine Rolle spielen. Vom Bundesamt für Terrorismusbekämpfung und Verfassungsschutz (BVT) ist nur die nach Gert-René Polli bereits zitierte „Asche" geblieben. Der Geheimdienst ist zerstört, die für die Sicherheit Österreichs so wesentlichen Auslandskontakte sind eingeschränkt.

Der neue Innenminister oder die neue Innenministerin werden für das BVT und andere zentrale Sicherheitsbehörden zuständig sein. Herbert Kickl will seinen „erfolgreichen Weg" weitergehen. Sebastian Kurz ist hier gewarnt und betonte mehrfach, auch gegenüber dem Autor, dass er den aktuellen FPÖ-Klubobmann nicht mehr als Innenminister vorschlagen werde. Das ist aber zu wenig. Es geht ja gar nicht um die Person Kickl, es geht um eine FPÖ, die einen anderen Staat will, die damit begonnen hat, Teile von Diensten ausschließlich mit ihren Vertrauensleuten zu besetzen. Herbert Kickl kann ruhig als Klubobmann weitermachen. Wenn die FPÖ wieder das Innenministerium bekommt, wird er der heimliche Behördenchef sein. Er kennt jetzt die Strukturen, und er hat den unbedingten Machtwillen, das Ministerium und die nachgeordneten Dienststellen dafür zu missbrauchen.

Hier wird auch der Bundespräsident gefragt sein. Er steht für den liberalen Rechtsstaat, das wird er beweisen müssen, indem er den Freiheitlichen dieses Ministerium nicht mehr überlässt.

Gemeinsam denken und handeln statt Angst und Macht

Aber das sind „nur" die politischen Fragen. Wir brauchen darüber hinaus einen gesellschaftlichen Diskurs, wie wir in Österreich weiter so zusammenleben, dass Menschenrechte nicht mehr in Frage gestellt werden und dass Gruppen von Menschen nicht mehr gegeneinander ausgespielt werden. Dazu gehört ein Parlament, das sich und die Verfassung ernst nimmt. Freie Mandatare sollen sich wie freie Menschen benehmen dürfen, nicht wie Pressesprecher der Bundesregierung.

Die Zweite Republik, die erste erfolgreiche Demokratie unserer Geschichte, ist in Gefahr. Der Weg in die Dritte Republik, den Jörg Haider wollte und den wir in den letzten 17 Monaten begonnen haben, ist der Weg in den autoritären Staat. Das klingt nicht nur dramatisch, das ist auch so. Unsere Demokratie hat kein Zertifikat mit Anspruch auf die Ewigkeit. Die Zukunft ist nicht unbedingt die Fortschreibung unserer Erfolgsgeschichte seit 1945.

Die Angst ist sehr präsent in Österreich, in der Politik und in den Medien fällt mir das schon länger auf, vor allem auch im Vergleich zu Deutschland. Darüber habe ich bei der Verleihung des Ari Rath Preises gesprochen (siehe Seite 191). Aber auch in Betrieben, wo Abhängigkeiten von der Politik Tatsache sind oder befürchtet werden, ist Angst zu spüren. Diese junge Generation von Politikern genießt es, dass sie die Macht haben, dass Menschen von ihnen abhängig sind. Sebastian Kurz und die Seinen leben das aus, auch mangels eigener starker Ideen, die sie mächtig erscheinen lassen könnten. Aber so wie Korruption eine Gemeinschaft ganz schnell zerstört, so führt Angst zu einer zunehmenden Lethargie, zu Vorsicht und Feigheit. Aber die Veränderungen durch Digitalisierung und Globalisierung werden wir nur mit jungen Leuten schaffen, die sich etwas trauen. Autoritäre Gesellschaften leiden immer auch unter „brain drain" – die Besten lassen sich das nicht gefallen und gehen einfach weg.

Im Buch „Wie Demokratien sterben" der beiden Harvard-Professoren Steven Levitsky und Daniel Ziblatt wird der Historiker Richard Hofstadter zitiert, der schon 1964 vom Phänomen der „Statusangst" spricht. Die trete immer auf, wenn die soziale Stellung und Zugehörigkeit zu einer Gruppe existenziell gefährdet zu sein scheint. Das führe zu einem „überhitzten, übermisstrauischen, überaggressiven, überbordenden und apokalyptischen" Politikstil. In den westlichen Demokratien fühlen sich Teile der Bevölkerung marginalisiert. Aber diese Statusangst gibt es bei uns auch im Bürgertum. Denn auch für den Mittelstand, auch für gutverdienende Angestellte, Beamte und Unternehmer ist nichts mehr selbstverständlich, und für deren Kinder schon gar nicht.

Wenn die Demokratie gefährdet ist, müssen die Leitplanken noch fester verankert werden, also der Rechtsstaat. Höchstgerichte sind ein schnelles Ziel von Attacken – Jörg Haider hat damit begonnen –, eigene Polizeieinheiten werden installiert, Menschenrechte in Frage gestellt, Sündenböcke gesucht. Und die Wortwahl der Politiker wird aggressiver, das ist gefährlich für die Gesellschaft.

Die türkis-blaue Regierung hat nur 17 Monate gebraucht, um aufzuzeigen, wie schnell und tiefgehend Rechtsstaat, Demokratie und Meinungsfreiheit gefährdet sein können. Wie bewahren wir Demokratie und Rechtsstaat, was ist uns die Freiheit wert, wie gehen wir mit Minderheiten um, wie sichern wir den sozialen Ausgleich in Zeiten der grundlegenden Änderung unserer Wirtschaft, wie bewahren wir unsere Umwelt?

All diese Fragen lassen sich nicht mit Wahlkampfslogans beantworten, sie lassen sich auch nicht durch eine Message Control einsperren. Die Antworten müssen gemeinsam erarbeitet werden. Ohne Angst – und ohne den unbedingten Machtanspruch einer Partei oder gar einer Person.

Der Ari-Rath-Ehrenpreis

Am 6. Mai 2019 wurde der Ari-Rath-Preis an Silvana Meixner verliehen. Die ORF-Moderatorin war eines der Briefbombenopfer von Franz Fuchs im Dezember 1993 und hat durch ihre journalistische Arbeit mit der Sendung „Heimat, fremde Heimat" viel zur Versöhnung unterschiedlicher Volksgruppen beigetragen. Ich erhielt den Ehrenpreis. Ari Rath war ein Wiener, der 1938 gemeinsam mit seinem Bruder gerade noch den Nazis entkommen konnte, über Triest nach Palästina kam und schließlich Chefredakteur der Jerusalem Post wurde. Er kam aber auch immer wieder nach Wien zurück und gab uns jüngeren Kolleginnen und Kollegen viel von seiner Erfahrung weiter.

Meine Dankesrede hielt ich am 6. Mai 2019, elf Tage vor Bekanntwerden des Ibiza-Videos. Aber sie enthielt viele Punkte über Politik und Medien in Österreich, die dann in Folge dieses Skandals öffentlich diskutiert wurden. Sebastian Kurz hat zu diesem Zeitpunkt noch an Herbert Kickl und der Koalition festgehalten, vielleicht aus Angst vor den Folgen eines Bruchs. Und weil ihm die Macht so wichtig war. Dann hat er die Regierung doch beendet, die Angst vor Kickl war eben doch größer. Macht und Angst – dieses Begriffspaar zieht sich durch die österreichische Innenpolitik.

Ari-Rath-Rede

Das ist der erste Journalistenpreis meines langen Berufslebens, vielleicht ist es auch der letzte. Das wäre gar nicht schlimm, schließlich sollen sich Journalisten nicht daran gewöhnen, geehrt zu werden. Es muss uns genügen, für unsere Arbeit respektiert zu werden. Aber über diesen Ari-Rath-Ehrenpreis freue ich mich ganz besonders, immerhin ist er nach einem

Mann benannt, den wir alle für seinen Lebensweg, seine Leistungen und seine Lebensfreude bewundern und der uns immer Vorbild sein wird. Und der Preis gibt mir die Chance, meine Gedanken zu diesem Beruf, den ich noch immer für den schönsten auf der Welt halte, mit Ihnen zu teilen. Dieser Beruf war oft umstritten, das ist gut. Aber heute ist er auch gefährdet – nicht nur in Österreich, aber inzwischen *auch* in Österreich – und darüber hinaus ist die Architektur unserer Demokratie, zu der freie Medien gehören, nicht mehr selbstverständlich, darüber werde ich jetzt zu Ihnen sprechen.

Zuletzt haben mir Kolleginnen und Kollegen verschiedener Redaktionen erzählt, sie würden immer öfter beim Schreiben von Artikeln zumindest kurz daran denken, ob ihnen das schaden könnte und wer wieder anrufen würde, wer wieder versuchen würde, einzugreifen und wer wieder Druck machen würde.

Und sie tun es. Die Regierung will nicht nur regieren, sondern auch mitreden und kontrollieren, was über das Regieren berichtet wird. Aber: Wenn wir beim Schreiben, beim Berichten und Analysieren auch nur einen Gedanken an mögliche negative Auswirkungen unserer Arbeit zulassen, sind wir schon am Anfang vom Ende der Pressefreiheit.

Ari Rath, vertrieben aus Wien

Ari Rath musste vor einer Diktatur flüchten, um zu überleben, und war dann in einer Demokratie Journalist, mit der er aber auch so seine Schwierigkeiten hatte. Dass ich Ersteres nicht erleben musste, dafür werde ich ewig dankbar sein, und das hat mich auch immer motiviert, weil Demokratien kein Garantiezertifikat haben, auch unsere nicht. Das Zweite, die natürliche Distanz des Journalismus zur Macht in der Demokratie, halte ich für eine Voraussetzung für diesen Beruf, auch und gerade, weil einige der hierzulande im Moment Mächtigen nicht verstehen können – oder nicht verstehen wollen, dass Politik und Medien in einem antagonistischen, aber zugleich respektvollen Verhältnis leben müssen. Eine echte, ehrliche Pressefreiheit ist auch Grundlage unserer Demokratie.

Der 14-jährige Ari musste aus seiner Heimat flüchten, um sein Leben zu retten, ebenso wie sein Bruder Maximilian und viele andere. „Alles, was mir wichtig war, wurde mir nach dem 11. März 1938 genommen, weil ich Jude war", schreibt Ari in seinen Erinnerungen „Ari heißt Löwe". Am 31. Oktober 1938 ist Ari mit zwei Freunden den Nazis nur knapp entwischt, eine Horde von Hitlerjungen, die „Judenbuben, Judenbuben" riefen, wollten sie zum Arbeitsdienst bringen, am 2. November konnten Ari und sein Bruder den rettenden Zug nach Triest erreichen, um von dort nach Palästina zu gelangen.

Was hätte ich gemacht? Hätte ich als Jugendlicher mitgeschrien? Diese Frage hat mich seit meiner Jugend beschäftigt, seit ich ansatzweise versucht habe zu verstehen, was das Nazi Regime ausgemacht und was es mit Menschen gemacht hat. Dass ich darauf keine eindeutige Antwort geben kann, das hat mich als Mensch beschäftigt und in meinem Beruf immer demütig sein lassen.

Der Um-Weg zum Journalismus

Ich war keiner von denen, die schon als Schüler wussten, dass sie Reporter werden wollten und mit dem Aufnahmegerät herumgelaufen sind, um Interviews mit Erwachsenen zu machen. Meine ersten Eindrücke von Journalisten waren nämlich gar nicht so positiv. Mein Vater hat jeden Abend eine Tasche mit den Tageszeitungen und politischen Magazinen nach Hause gebracht. Er war Generalsekretär der Präsidentenkonferenz der Landwirtschaftskammer, also politisch klar verortet – im Bauernbund und in der ÖVP aktiv. Aber in seiner Tasche waren alle Zeitungen, von der *Arbeiter-Zeitung* bis zum *Volksblatt*, alle Bundesländerzeitungen, und natürlich auch der *KURIER*. Nur mit der *Krone* hat er lange Zeit gefremdelt, nach der habe ich dann aber auch verlangt. Dass ich diese einmal im Auto hinten auf der Ablage, wo damals noch der Platz für Hüte war, liegen ließ, fand er gar nicht lustig.

Der junge Bursche, der von Kindesbeinen an zuhause stets Diskussionen über Politik verfolgte, zweifelte bald an der Tätigkeit von Journalisten. Wie konnten Redakteure ein und dasselbe Ereignis gar so unterschiedlich darstellen? Klar, über den Wahlsieg der SPÖ am 1. März 1970 musste die *AZ* jubeln und das *Volksblatt* klagen. Aber wie konnten Redakteure der *Arbeiter-Zeitung* für den Landwirtschaftsminister Johann Öllinger argumentativ in die Bresche springen, der zunächst illegaler Nazi in Kärnten und dann SS-Mitglied gewesen war? Und war wirklich alles schlecht, was Bruno Kreisky mit seiner Minderheitsregierung 1970 angestoßen hat, wie das *Volksblatt* Tag für Tag oft aufgeregt und unsachlich berichtete? Glaubten die Redakteure das oder mussten sie es glauben und dann auch noch schreiben? Und mit dem eigenen Namen zeichnen?

Im ersten Studienjahr an der juristischen Fakultät hat mich mein Vater zu einer Klausur des ÖVP-Klubs nach Bad Gastein mitgenommen. Dort sah ich, wie Journalisten, die ich bereits als bekannte Schreiber wahrgenommen hatte, im Hallenbad mit Abgeordneten Wasserball spielten und am nächsten Tag über sie berichteten. Da waren sie wenigstens noch durch das Wasser voneinander getrennt, dann an der Bar erschien mir manches Verhältnis noch enger.

Nach Jus-Studium, Hochschülerschaft und Gerichtspraxis wurde die Neugierde, etwas mehr von der Welt zu verstehen als die Machtspiele und das Machtgefüge in Österreich, immer größer. Bei einem Studium an der Johns Hopkins University in

Bologna, einem Praktikum bei der Europäischen Kommission und in vielen Monaten als Reiseleiter in den USA wuchs der Wunsch, als Journalist aus aller Welt zu berichten. Also kam ich 1982 zum *ORF* mit dem Ziel, Auslandskorrespondent zu werden. Dass die Parteien sich dort auch damals viel wünschten und manches bekamen, sogar bei der Anstellung junger Reporter mitreden wollten, habe ich schnell verstanden. Gerd Bacher hat uns stets das Gefühl gegeben, dass ein starker und selbstbewusster *ORF* wichtig für das Land ist, und Hugo Portisch und andere gaben uns die Gewissheit, dass die Suche nach der Wahrheit unsere Arbeit bestimmen muss. Ihnen bin ich dankbar, vor allem aber auch allen Kolleginnen und Kollegen, mit denen es lange, mühsame, aber stets engagierte Diskussionen gab. Bei allem, was es am *ORF* damals zu kritisieren gab und heute zu kritisieren gibt – diese Stimmung der permanenten Auseinandersetzungen in den Redaktionen und später auch unter den Korrespondenten war prägend.

Und noch etwas – und damit bin ich schon im heutigen Österreich. Ich war damals überzeugt davon, dass die Politik den Journalismus akzeptiert, und sei es nur als notwendiges Übel. In Deutschland, wo ich ja zweimal lange arbeiten durfte, ab 1984 für den *ORF* in Bonn und ab 1997 für *n-tv* in Berlin, war das noch deutlich stärker. Ich habe auf beiden Seiten noch mehr Selbstbewusstsein gespürt.

Die große Angst auf beiden Seiten

In Österreich ist das Verhältnis von Politikern zu Medien heute sehr, sicher zu stark von purer Angst bestimmt. Politiker haben Angst davor, dass sie „heruntergeschrieben" werden, wie das ein Geschäftsmann in Verkleidung eines Journalisten in Österreich gerne unverblümt androht. An höflichen Tagen. An unhöflichen schlägt er zuerst verbal zu, um nachher zu kassieren.

Also haben fast alle Politiker Angst davor, dass auch gegen sie kampagnisiert wird, wie sie das bei anderen erlebt haben. Sie haben Angst, dass nachteilige Fotos verwendet werden, und dass sie in ihrer Umgebung als zu schwach wahrgenommen werden, derartige Kampagnen zu verhindern.

Auch Journalisten haben Angst. Zunächst einmal davor, von wichtigen Informationen abgeschnitten zu werden. Im Innenministerium war man dumm genug, das auch noch schriftlich anzuweisen. Dazu kommen existenzielle Ängste, auf beiden Seiten. Abgeordnete zum Nationalrat können in ihrem Wahlkreis noch so fleißig und beliebt sein. Aber wenn der Landeschef, der Parteichef oder gar der Erfinder einer Bewegung den Daumen senkt, dann weiß die ganze Arena – das war's. Auch für Redakteurinnen und Redakteure kann es existenziell werden. Ein weitgehend abgesicherter Job, das war einmal.

In diese Stimmung der allgemeinen Unsicherheit beobachten wir auch noch Attacken auf Journalisten, die ihren Beruf ernst nehmen. Wenn das nicht reicht, kommt es zu Einschüchterungsversuchen aller Art. Ich weiß, wovon ich rede, habe mich aber nicht einschüchtern lassen. Weder durch Klagen noch durch Verleumdungen, als etwa der Sprecher des Vizekanzlers mir einen SS-Verwandten andichten wollte, übrigens unter Berufung auf die Neonazi-Website *Metapedia*. Dass *Metapedia* von Neonazis betrieben wird, hätte er auf den ersten Blick erkennen müssen.

Auch Drohungen, unser Wohnhaus auf *FPÖ-TV* und *Facebook* zu zeigen, konnten mich nicht einschüchtern. An dieser Stelle ein besonderer Dank an den *KURIER* und seinen Geschäftsführer Thomas Kralinger, aber auch an den Aufsichtsrat, die optimale Vertretung durch unseren Rechtsanwalt war mir immer sicher. Auch eine Kampagne mit gefälschten Dokumenten und andere Lügengeschichten des Gratisblattes *Österreich* konnten mir keine Angst machen. Dass schon die SPÖ-ÖVP-Regierung diese Fälscherwerkstätte finanzierte, war eine Schande, dass Türkis-Blau noch mehr zahlt und diese oft als Mitteilungsorgan der Regierung verwenden, ist oft nur mehr peinlich. Wir haben ja auch Privilegien, also dürfen wir auch nicht wehleidig sein. Aber das darf kein Freibrief für persönliche Attacken sein, egal von wem sie kommen. Wer den *KURIER*, Chefredakteurin Martina Salomon oder mich kritisieren will, soll das tun, sachlich, aber nicht beleidigend wie zuletzt die SPÖ Langenzersdorf.

An dieser Stelle ein Wort zum *ORF*. Die Diskussion, die hier geführt wird, ist rundherum scheinheilig. Wenn dem *ORF* die Unabhängigkeit von der Regierung wichtig wäre, warum ist die Führung nicht stärker aufgetreten, jetzt oder bei der vorherigen Regierung? Und wenn der SPÖ die Unabhängigkeit des *ORF* so wichtig wäre, warum hat sie dann nicht als Kanzlerpartei dafür gesorgt?

Der ORF muss den Parteien weggenommen werden

Der *ORF* hat nur eine Chance, das ist die jeweilige Opposition: *vor* der nächsten Wahl müssen alle Oppositionsparteien sich auf ein Gesetz für einen parteifernen *ORF* verpflichten. Und gleichzeitig garantieren, von mir aus per Notariatsakt, nur in eine Regierung einzutreten, die dieses Gesetz auch wirklich umsetzt. Politiker vergessen nämlich manchmal, was sie vor der Wahl versprochen haben.

In der aktuellen Situation aber müssen wir alle den *ORF* vor diesen primitiven Angriffen, die absurderweise sogar von der Spitze des Stiftungsrates kommen, in Schutz nehmen – und gleichzeitig von der Führung verlangen, jede Intervention offenzulegen und gleichzeitig zurückzuweisen – ob es um Personalfragen, den Druck auf Nachrichtensendungen oder die Verhinderung der Ausstrahlung von Produktionen geht. Nur anständiger, unabhängiger Journalismus kann die Existenzgrundlage eines öffentlich-rechtlichen Senders sein.

Ich verdanke dem *ORF* sehr viel: viele interessante Einsätze, große Persönlichkeiten als Chefs und gebildete, engagierte Kolleginnen und Kollegen. Aber ich kann nicht vergessen, wie sehr man mich und andere zwingen wollte, dass wir uns parteipolitisch deklarieren. Das war zu meiner Zeit nicht die *ORF*-Führung, das waren Parteien von außen und ein Betriebsrat von innen, später hörte ich Ähnliches, manchmal Schlimmeres. Wir hatten damals keine Angst, nicht weil wir besser ausgebildet gewesen wären, sondern weil wir selbstbewusst genug waren, dass wir auch anderswo einen Job finden würden. Heute führt die Drängerei am Arbeitsmarkt der Journalisten oft zu Resignation.

Da ist es umso leichter, dem „public watchdog" einen Maulkorb umzuhängen. Öffentliche Kontrolle ist Teil der Demokratie, die nur eine liberale sein kann, alle anderen Zusätze sind ein Vorwand für deren schrittweise Abschaffung.

Ja, Journalisten haben sich da und dort zu wichtig genommen, da und dort ihre Aufgaben vergessen, und manche von uns sind vielleicht fallweise auch der Macht zu nahegekommen. Aber das alles darf kein Grund sein, die unabhängige Berichterstattung zu bekämpfen, Journalisten herunterzumachen, sie mit Unwahrheiten öffentlich zu verfolgen oder zu bedrohen, wie auch ich das erlebt habe, manchmal subtil, manchmal weniger subtil.

Aber das ist nur ein Teil einer politischen Entwicklung, die man mit dem Wort Rechtspopulismus zusammenfassen kann. Diese Parteien werden das weitermachen, weil es aus ihrer Sicht erfolgreich ist, das wundert mich also nicht. Dass bürgerliche Politiker nicht dagegen aufstehen, das aber enttäuscht mich. Ich dachte immer, ihr Vorbild sei der selbst denkende, freie Citoyen. Beseelt von momentaner Macht übersehen sie aber, dass mehrere Säulen unserer Demokratie untergraben werden, die aber das Funktionieren und den Erfolg der Zweiten Republik ausgemacht haben.

So werden Institutionen des Rechtsstaats beschädigt

Nehmen wir die Exekutive, die Ministerien und ihre nachgeordneten Dienststellen. Die Kabinette der Minister, die die Beamten in ihrer Arbeit im Idealfall führen, im schlimmsten aushebeln sollen, sind nichts Neues. Dass aber durch nichts legitimierte Generalsekretäre als politische Vizeminister agieren, ist in der Verfassung nicht vorgesehen.

Der Überfall auf das BVT, der – um es vorsichtig zu formulieren, weil die Herrschaften klagen ja gerne – dem Innenminister und seinem Kabinett im Voraus nicht entgangen sein kann, war der vorläufige Höhepunkt einer Kampagne, die alle Beteiligten verunsichern soll. Ein sehr hoher Polizist, der einer der beiden Regierungsparteien nahesteht, sich aber stets als Diener seines Landes sah, sagte mir kürzlich: „Sie glauben gar nicht, wie viele Polizisten schon Angst haben, intern offen zu reden." Und das wagte er erst zu sagen, nachdem er mich gebeten hat, auf WhatsApp anzurufen. „Sie wissen eh, da können wir nicht so leicht abgehört werden."

„Die Herren im Verfassungsgerichtshof sollen lieber Kaninchenfell statt Hermelin tragen, und sie sollen nicht Fasching spielen." Das ist ein Zitat von Jörg Haider, so hat die Verachtung von Höchstgerichten begonnen, die Verachtung für den Rechtsstaat führt sein Schüler Herbert Kickl weiter. Dazu gehört, die Menschenrechte in Frage zu stellen. Und jenen gesellschaftlichen Konsens, der die Zweiten Republik genau deshalb im Gegensatz zur Ersten zu einem Erfolgsmodell gemacht hat, zu unterminieren.

Der Klubzwang im Parlament hat in Österreich Tradition, aber dass man nach der Verfassung frei gewählten Abgeordneten nur einen kleinen Wink geben muss und sie für das Rauchen in der Gastronomie stimmen, wo sie ein paar Monate zuvor mit voller Überzeugung dagegen gestimmt haben, heißt doch, dass die Angst vor dem Verlust des Mandats größer ist als die eigene Überzeugung. Ja, da ist sie wieder, die Angst, sie treibt auch frei gewählte Mandatare um.

Wer sich lange als Nebenregierung gefiel, wie die Sozialpartner, muss jede Form von Kritik ertragen, die Politiker ertragen müssen. Aber die Sozialpartner stehen für jenen Ausgleich, der Österreich stark und selbstbewusst gemacht hat. Und sie haben zu einem Zusammenhalt beigetragen, der plötzlich nichts mehr wert sein soll.

Europa ist unsere Zukunft, der Nationalismus spaltet

Zusammenhalt, das ist auch das Stichwort für Europa. Die Nationalisten sind in ihren Formulierungen etwas vorsichtiger geworden, weil der von ihnen bejubelte Brexit ins Chaos geführt hat. Aber ihr Ziel haben sie nicht aufgegeben: die Europäische Union zu zerstören. Die Generation unserer Eltern musste in den Krieg ziehen oder flüchten, uns wurden Freiheit und Demokratie geschenkt, wir werden beides nur gemeinsam in Europa, als bewusste Europäer erhalten.

Es ist die Geschichtslosigkeit in der Politik, die mir auch Sorgen macht. Gegen jede Form von Antisemitismus aufzutreten, ist wichtig und leider immer wieder notwendig. Das Gedicht, in dem Menschen wieder als Ratten dargestellt wurden, entmenscht, wie bei den Nazis, ist kein Einzelfall, egal, ob es um Juden oder eine andere Gruppe von Menschen geht, die man gerade ausgrenzen oder als angeblichen Feind des Volkes zeigen will. Die Distanzierungen werden häufiger, aber nicht glaubwürdiger.

Und jene, die sich jetzt mal schneller, mal weniger schnell distanzieren, sollen überlegen, mit welchen Parolen eine Stimmung aufbereitet wurde, in der sich wenig gefestigte und auch noch ungeschickte Charaktere bestätigt und motiviert fühlen. Das Klima zunächst verbal radikalisieren und sich dann distanzieren, wenn andere auf Facebook noch Schlimmeres schreiben, das ist verantwortungslos. Es ist in den sozialen Medien so einfach, mit den Emotionen der Menschen spielen, sie mit lockeren Sprüchen und auch gefälschten Bildern aufzuhetzen. Aber wer fängt die Emotionen wieder ein, wenn aus Worten wieder Taten werden? Erst vor Kurzem haben wir den Überfall auf die Synagoge in San Diego erlebt, mit ähnlichen Formulierungen wie in Christchurch. Anschläge auf Christen in Sri Lanka sind auch das Ergebnis von Verblendung und Verhetzung, das dürfen wir nie akzeptieren, egal, gegen wen es geht.

Die Inseratenkorruption soll auch den Journalismus zerstören

Sie sehen, meine sehr geehrten Damen und Herrn, es sind nicht nur die freien Medien in unserer Demokratie gefährdet, es geht viel tiefer. So wird auch das, was ich seit Jahren Inseratenkorruption nenne, mehr als eine Kombination von einem unanständigen Geschäftsmodell mit gekaufter öffentlicher Lobpreisung. In leider täglich gelebter Konsequenz führt es zur Zerstörung der Akzeptanz des journalistischen Berufs. „Die sind alle käuflich und auch nicht glaubwürdig" – das soll signalisiert werden. So gefährdet die Regierung den Ruf und die Aufgabe des Journalismus, während sie sich mit Steuergeld bejubeln lässt. Und dabei das sogenannte „Sparen im System" vergisst, indem jedes Ministerium viele Mitarbeiter beschäftigt, die einerseits die Medien ständig beobachten und im Zweifel Journalisten auch bedrängen sollen.

Das ist der eine Teil der Message Control, das Verhindern von Kritik. Der zweite besteht darin, dass Medienmitarbeiter der Minister selbst so tun, als seien sie Journalisten. So verbreiten Ministerkabinette auf Facebook Jubelberichte über das segensreiche Wirken der Regierung in Wort und Bild. Manche

Ministerien haben in diesem Bereich ein Vielfaches an Mitarbeitern von gut ausgestatten innenpolitischen Redaktionen.

Eine deutliche Medienförderung, ausgerichtet nach Qualität wird uns seit Jahren versprochen. Versprochen und nicht gehalten. Dafür gilt die interne, aber unverblümt vermittelte Parole: Entweder ein Medium ist für uns – gut; oder gegen uns – dann wird es bekämpft oder zumindest boykottiert. Solche Medien werden dann als Teil der Opposition hingestellt, so soll ihnen die Glaubwürdigkeit genommen werden, indem man sie als politische Gegner darstellt.

Die Arbeit von Journalisten ist objektiv schwieriger geworden, es muss alles immer schneller gehen, und das auf verschiedenen Plattformen. Die Kritik von Leserinnen und Lesern kommt schneller zu uns, damit müssen wir uns beschäftigen, sie kann auch wichtig sein, uns weiterbringen. Aber bitte um Verständnis, dass ich Kritik von Politikern über unsere Arbeit nicht immer ernst nehme, weil sie eine Agenda verfolgen. Mein Appell an die Regierung: Lassen Sie uns in Ruhe arbeiten, kontrollieren Sie einander, aber nicht Ihre Kontrollore.

Die Institutionen der Demokratie schwächen, von den Gerichten bis zu den Medien, Feinde benennen, Menschen ausgrenzen, das eigene Volk für bedroht erklären und daraus einen neuen Nationalismus nähren. Das alles erleben wir, das alles ist kein Zufall, darüber müssen wir reden. Wir alle, die wir keine Angst haben. Das führt dort immerhin zu Verwirrung, das widerspricht den Erwartungen. Das ist unsere große Chance. Nein, das ist der Anspruch an den Journalismus immer – und heute ganz besonders. Tatsachen berichten, aber diese auch bewerten, klar, unmissverständlich, ohne Angst.

#MedienohneAngst

Wie das Medien in Österreich wieder tun können, egal wer regiert, darüber müssen wir nachdenken und reden, so dass Journalisten die notwendige Sicherheit spüren. Ich sage es noch einmal: Wir dürfen niemals während der Arbeit darüber nachdenken, ob uns eine Formulierung schaden könnte. Wir müssen unser Hirn ausschließlich dafür verwenden, nach der Wahrheit zu suchen, das zu berichten, was wir gesehen und gehört haben, das zu schreiben, was wir für richtig halten. Die Sekunde, in der man den Gedanken nach möglichen negativen Konsequenzen zulässt, ist das Ende der freien Medien.

Ich habe keine Angst – wir haben keine Angst. Diesen Satz sollten wir Journalisten immer verwenden, wenn irgendwo Druck aufgebaut wird. Nutzen wir dafür auch die Sozialen Medien, um das allen zu sagen – teilen wir denHashtag *#MedienohneAngst,* je größer die Gruppe von Menschen wird, die das tut, umso klarer wird die Botschaft.

Und da haben wir mit Ari und seinem Vermächtnis einen starken Verbündeten. „I am a fighter, ich mache weiter", so hat Ari seine Freunde begrüßt, die ihn im Allgemeinen Krankenhaus besucht haben, wo er Ende 2016 eine neue Herzklappe eingesetzt bekommen hatte. „Ich empfinde es als großes Geschenk, dass mich meine natürliche Neugier, mein gutes Gedächtnis und mein Optimismus nie verlassen haben", schrieb Ari, der Löwe, in seinen Erinnerungen. Wenn das keine Anleitung ist, wie wir mit den heutigen Herausforderungen zurechtkommen werden. Danke dafür, alle in unserem Land sollen wissen, dass wir dich als Vorbild haben.

Danke

Ein herzlicher Dank an alle, die mich in den vergangenen Jahrzehnten bei verschiedenen journalistischen Aufgaben begleitet haben, insbesondere bei den Kolleginnen und Kollegen des *KURIER*, mit denen ich eine unabhängige Zeitung gestalten konnte.

Ganz besonders bedanke ich mich bei Stefanie Jaksch für die Begleitung als aufmerksame Lektorin, bei Martin Scheriau für die Unterstützung. Ohne sie wäre das Buch in so kurzer Zeit nicht möglich gewesen.

Ich bedanke mich bei Erhard Busek für das Vorwort, das mir das Gefühl gibt, dass Politik als Gestaltung im Sinne der Menschen doch Sinn macht.

EBENFALLS BEI K&S ERSCHIENEN

Brandstätter vs. Brandstetter: Diskurs

Helmut Brandstätter,
Wolfgang Brandstetter
Brandstätter vs. Brandstetter: Diskurs
Mit zahlreichen Abbildungen
Hardcover mit Schutzumschlag
236 Seiten, 13,5 x 21,5 cm
Kremayr & Scheriau
(D, A) 22,00 €
ISBN: 978-3-218-01128-0

Mitte der 1970er Jahre trafen einander zwei Studenten an der juristischen Fakultät der Universität Wien, beide aus katholischem Elternhaus, beide politisch interessiert. Sie engagierten sich in der Österreichischen Studenunion, einer Studentenpartei, die der ÖVP nahe-, aber auch immer wieder mit ihr in Konflikt stand. Der eine, Helmut Brandstätter, wurde ÖH-Vorsitzender, der andere, Wolfgang Brandstetter, sein Pressesprecher.

40 Jahre später waren die Rollen vertauscht: Brandstetter war als Justizminister Politiker, Brandstätter als Herausgeber des KURIER Journalist. In ihrem Buch sprechen die beiden über ihre Herkunft, ihre Familien, berufliche Erfahrungen und über die Frage, ob es eine Freundschaft zwischen einem Politiker und einem Journalisten geben kann.

www.kremayr-scheriau.at

ISBN 978-3-218-01192-1

Copyright © 2019 by Verlag Kremayr & Scheriau GmbH & Co. KG; Wien

Alle Rechte vorbehalten

Schutzumschlaggestaltung: Christine Fischer
Typografische Gestaltung und Satz: Danica Schlosser
Lektorat/Produktion: Stefanie Jaksch
Druck und Bindung: Christan Theiss GmbH, St. Stefan im Lavanttal